KB206230

빛 가운데로 걸어가면

시각장애인 안내법
우리 교회에 시각장애인 성도가 온다면?

**간증의
재발견
3**

빛 가운데로 걸어가면

시각장애인 인식 개선을 위해 일하는 남다른 목사의 남다른 이야기

초판 1쇄 인쇄 2023년 12월 20일
초판 1쇄 인쇄 2023년 12월 25일

지은이 | 정민교
펴낸이 | 강인구

펴낸곳 | 세움북스
등 록 | 제2014-000144호
주 소 | 서울시 종로구 대학로 19 한국기독교회관 1010호
전 화 | 02-3144-3500
이메일 | cdgn@daum.net

교 정 | 김민철
그 림 | 심효섭
디자인 | 참디자인

ISBN 979-11-985894-0-8 [03230]

이 도서는 시각장애인의 기독교 도서 보급을 위해 AL-소리도서관에 기증하여 데이지 파일로 제작됩니다.

간증의
재발견
3

빛 가운데로
걸어가면

정민교 지음

세움북스

서문

2022년 11월 1일, AL MINISTRY 사역을 위해 원고 기부를 부탁드리려고 세움북스를 찾아간 날을 잊지 못합니다. 사역을 하게 된 이야기를 나누다 보니 자연스레 그동안 살아온 이야기를 하게 되었고, 강인구 대표님께서 책을 쓰면 좋겠다고 제안을 하셨습니다. 제가 책을 쓴다는 걸 생각해 본 적이 없었기에 순간 놀랐고 믿기지 않았습니다.

글을 쓰면서 지난날을 돌아보니 정말 많이 아프고 힘들었습니다. 하지만 그 안에서 하나님께서 저를 끝까지 참으시며 인내로 다듬어 가시고 계셨음을 발견하게 되었습니다. 부모님의 죽음 앞에서 오랜 세월 동안 방황하면서 하나님이 안 계신다고 부정하며 살아왔던 삶의 자리, 하나님을 믿고자 다시 예배의 자리로 돌아왔지만 아무런 변화가 없던 삶의 자리, 다람쥐 쳇바퀴처럼 늘 고난과 두려움 속에서 살아가던 제 삶의 자리로 찾아오신 하나님이 계셨기에 미약한 삶이지만 한 걸음씩 나아갈 수 있었습니다. 지난날을 글로 정리하며 감사의 고백을 할 수밖에 없었습니다. 무엇보다도 눈물을 흘리면서 아픈 순간들을 써 내려갈 때 그 당시에는 몰랐던 것들이 새삼 깨달아지면서 하나님께서 저를 다시 치유하고 계심을 느낄 수 있었습니다.

하나님께 이 모든 영광을 올려드리며 AL MINISTRY 사역과 제 삶을 응원해 주시는 많은 지인들께 이 자리를 빌려 감사 말씀을 전합니다. 마지막으로 항상 제 옆에서 기도와 응원으로 함께해 주고 있는 아내 김성심, 그리고 가족들에게 감사와 사랑의 마음을 전합니다.

추천사

'개구리 올챙이 적 생각 못 한다'라는 속담이 있습니다. 자신의 어렵고 힘들고 못났던 시절을 생각하지 못하고, 오히려 그런 시절이 없었던 것처럼 언행하는 것을 볼 때 하는 말입니다. 정민교 목사님은 참 밝고 적극적인 사람입니다. 잘 웃기도 하고 농담도 잘합니다. 겉모습도 후덕해서 넉넉한 가정에서 구김 없이 자란 줄 알았습니다. 그러나 어린 시절 이야기와 성장기의 고생을 들으니 그 속담이 다르게 해석되었습니다. '개구리가 올챙이 시절이 너무 싫어서 마치 올챙이 시절이 없었던 것처럼 살고 싶을 수도 있겠다'라고요. 저자에게서 들었습니다. 원고를 쓰다가 부모님 이야기가 나오는 부분에서 많이 울었노라고. 한동안 원고를 쓸 수가 없었노라고. 마음을 추슬러 겨우 원고를 마무리할 수 있었노라고.

예수님은 2천 년 전 이 땅에 오셨을 때 가난한 자, 병든 자, 절망에 빠진 자, 외로운 자를 만나 주셨습니다. 그리고 2천 년 후에는 가난하고 외로운 아이 민교를 만나 주셨습니다. 민교는 예수님이 좋았고, 예수님이 원하는 삶을 살고 싶어 하다가 예수님을 전하는 목사가 되었습니다. 이제는 AL MINISTRY라는 단체를 설립하여 앞을 보지 못하는 시각 장애인에게 기독교 서적을 읽을 수 있도록 돕는 일을 합니다. 보통 사람은 생각하기조차 어려운, 시각 장애인과 비장애인이 차별 없이 함께 예배하는 교회를 개척해서 목회하고 있습니다. 이 책은 올챙이였던 민교가 개구리가 되었다는 이야기가 아니라 예수님 덕분에 하나님 나라의 왕자가 된 이야기입니다. 이제는 정민교 목사님이 밝게 웃을 수 있는 이유를 이해합니다.

절망에 빠진 사람, 자기 인생이 팔다리 없는 올챙이 같다고 여기는 사람에게 이 책을 추천합니다. 그들도 이 책을 통해 왕자의 미소를 갖게 되길 기대합니다.

‖ 강신욱 (낮은울타리교회 담임목사, 「대화로 푸는 전도서」 저자)

'하늘길을 따라온 세상의 내 인생길에서
부모의 길은 갑자기 없어지고
형제와의 길은 애잔한 가슴의 길
아내와의 길은 그대의 눈이 되어 함께 가는 길
오호라 주님의 은혜라!'

저 또한 지금까지 걸어온 길 중에서 제가 원하는 길로 걸은 적은 단 한 번도 없습니다. 저자 정민교 목사의 길 또한 별반 다르지 않다는 정감이 가슴에 전이 되어 인생 여정이 한없이 기쁜 것은 그 길이 하늘길을 처음 내어 주신 그분의 길이기 때문입니다.

고된 인생길에서도 그분의 계획된 길을 그분과 함께 걸어오며 빚어

낸 인생길의 작품이기에 고통은 가물어지고 기쁨으로 충만한 길입니다. 《빛 가운데로 걸어가면》이 저와 이 책을 읽는 모든 분의 인생길 중에 만난 또 하나의 큰 기쁨의 원동력이자 마중물이 될 것을 기도하며 일독을 권합니다.

‖ 김기원 (부산 삼광교회 담임목사, 의료법인 라파엘 의료재단 이사장, 사회복지법인 일신복지재단 이사장)

눈을 비비며 다시 읽었고, 이따금 눈물이 흘렀고, 어느덧 내 영안이 열렸습니다. 그의 사역은 익히 알았으나 그의 글 실력이나 내밀한 삶의 이력을 알지 못했었기에, 제가 알던 것보다 훨씬 아름다운 사람임을 확인하며 눈을 비비면서 재차 읽었습니다. 그리고 고단한 삶을 살았던 부모님 이야기, 때 이른 엄마의 비극적 죽음, 아버지의 쓸쓸한 죽음, 놀랍기만 한 시각 장애인 아내를 만난 이야기, 시각 장애인들과 교회를 이루어 사역하는 이야기는 모두 겉은 잔잔하지만, 깊은 강물이 되어 내 안에서 흐르고 있었습니다.

그리고 AL MINISTRY 이야기에 저도 모르게 조용히 울었습니다. 그러다가 하나님은 어느 곳에도 계시고, 누구와도 함께하시거늘, 우리 인간의 제도와 풍습에 가로막혀 교회 다니는 것도, 성경을 읽는 것도, 신앙의 성장을 위해 경건 서적 읽는 것도 힘든 이들이 있다는 것에, 그리고 그곳에 하나님께서 당신 마음에 합한 사람 하나 심어 주신 것에, 하나님이 지금도 그곳에서 일하시는 역사에 내 흐리멍텅한 영안이 환해졌습니다.

‖ 김기현 (로고스교회 담임목사, 『욥, 까닭을 묻다』의 저자)

저자 정민교 목사님에게 책을 써 보라고 했습니다. 그러던 중 좋은 출판사를 만나, 출간 제안을 받았다고 했습니다. 책을 쓰는지 묻기도 했었습니다. 그런데 진도가 나가지 않고 있다고 했습니다. 자신의 삶에 있었던 일 그리고 부모님 관련 글을 쓰는데, 눈물만 나고 더 이상 글이 써지지 않는다고 하더군요. 다 아문 상처였다고 생각했는데, 그렇지 않은 듯하다고 했습니다. 기도하면서 마음을 다시 잡고 글을 써 내려가는 데 생각보다 시간이 걸렸습니다.

저자 정민교 목사님은 AL MINISTRY, 시각 장애인을 위한 사역을 거의 20년 가까이 해 오고 있습니다. 이런 사역을 시작하고서, 지금까지 혼자 끙끙대며 고민하지 않을 수 없었습니다. 부산에 갔을 때, 차를 타고 가는데 무언가에 답답함을 느꼈습니다. 긴 세월 시각 장애인들을 위해 섬기고 있지만, 여러 가지 면에서 넘어야 할 산과 강이 있음을 알게 되었습니다.

그러나 저자 정민교 목사님은 누구보다 헌신적으로, 그리고 초심을 가지고서 시각 장애인들을 섬기려 하고 있습니다. 책을 통해 알 수 있지만, 평탄하지 않은 삶을 살면서 자신보다 더 어려운 사람들을 섬기려는 저자의 삶을 통해 도전과 은혜를 동시에 누리게 됩니다. 이 책을 통해 더 많은 사람들이 저자 정민교 목사님과 AL MINISTRY 사역을 이해하고, 함께 길동무가 되어 주면 좋겠습니다. 혼자는 외롭지만, 누군가 벗이 되어 준다면 앞으로 더 험난한 길도 휘파람을 불며 신나게 걸을 줄 믿습니다.

‖ 김영한 (품는교회 담임목사, Next 세대 Ministry 대표)

부산장신대학교 학부 시절부터 지금까지 좋은 믿음의 동력자로서 힘이 되는 민교 형! 누구보다 성실하고 치열하게 삶을 살아 내며, 타자를 향한 환대를 아끼지 않고, 특별히 소외받는 시각 장애인들에게 큰 관심을 가지고 있는 이유가 이 책을 통해 드러납니다. 고난과 아픔 가운데 항상 동행하셨고, 사랑한다고 불러 주신 하나님의 크신 은혜를 이 책 속에서 발견하게 됩니다.

‖ 김수화 (장유대성교회 부목사)

정민교 목사와는 〈교회를 위한 시각장애인 안내서〉의 삽화가와 의뢰인으로 처음 만났습니다. 그때 저는 시각 장애인들 역시 그리스도의 몸 된 교회의 지체임에도 불구하고, 그들의 존재에 대해 무지했습니다. 무관심한 교회의 인식을 변화시키기 위해 안내서를 만들고, 시각 장애인들이 읽을 수 있는 도서를 만들어 제공하겠다고 발품을 팔아 모은 후원금으로 AL 소리도서관을 결국 만들고, 협력해 줄 출판사와 저자를 찾아서 일주일이 멀다 하고 부산과 서울을 오가는 정민교 목사의 충성과 열심에 감탄할 수밖에 없었습니다. 심지어 시각 장애인 자매와 결혼했다는 걸 알게 된 지점에서는 솔직히 왜 그렇게까지 해야만 했는지, 아니 도대체 어떻게 그렇게까지 시각 장애인을 사랑할 수 있는지 놀랍고도 의아했는데, 원고를 읽고 그 이유를 알게 됐습니다.

정민교 목사의 삶은 시각 장애인과 다르지 않았습니다. 비록 눈은 뜨고 있었지만, 어린 시절부터 그의 삶에는 깊은 어둠뿐이었습니다. 그런 그에게 예수님은 생명의 빛으로 찾아오셨고, 여러 번의 죽을 위기에서 그를 건져 주셨고, 삶의 목적과 방향을 알려 주셨습니다. 그는 또한 사랑하는 아내에게서 '사랑의 빛'을 발견했습니다. 보는 사람들에게서 발견하지도, 받아보지도 못한 사랑을, 오히려 앞을 못 보는 자매에게서 발견하고 받았습니다. 그가 예수님과 시각 장애인들을 그렇게까지 사랑할 수 있는 이유는 '생명과 사랑에 빚진 자'의 마음이 있기 때문입니다.

정민교 목사를 만난 이후, 쉽게 부르지 못하는 찬양이 생겼습니다. "빛이 없어도 환하게 다가오시는 주 예수 나의 당신이여 ♪"입니다. 시각 장애인 형제자매들에게 이 찬양은 얼마나 눈물겹고 절실한 고백일까요. 일반 교회에서, 시각 장애인들과 정안인들이 손을 잡고, 이 찬양을 함께 부르는 모습이 당연하게 여겨지는 그날까지 정민교 목사의 시각 장애인을 위한 모든 사역이, 그가 섬기는 흰여울교회, AL MINISTRY, AL 소리도서관 사역이, 끊임없이 밀려오는 부산 앞바다의 파도처럼 멈추지 않기를 응원하며 기도합니다.

∥ 심효섭 (용인 좋은나무자유인교회 공동 담임목사, 삽화가)

40년 가까이 살던 삶의 터전을 떠나 부산으로 이사 온 지 얼마 안 된 (2022.07) 제게, 나이도 같으니 편하게 친구로 지내자고 먼저 손을 내밀어 준 고마운 친구. 그 친구가 바로 정민교 목사입니다. 그런 친구의 책에 저의 첫 추천사를 쓸 기회가 주어져서 너무 기쁩니다. 친구로 지내면서 민교와 참으로 많은 이야기를 나누었습니다. 그때마다 나이는 같은데 저와는 참 다른 세상에서 살아온 사람이라고 느껴졌습니다. 그런데 책을 읽으면서 왜 그런 생각이 들었는지 알게 되었습니다. 그는 '평범한 삶'을 바라고 바랐지만, 환경에 의해 평범함과는 거리가 먼 삶을 살아왔습니다. 그리고 지금은 평범하게 살아갈 수 있음에도 불구하고, '평범한 삶'을 거부하며 살아가는 길을 선택했습니다. 그러나 친구인 제게는 그 길이 그 어떤 길보다 아름다운 길로 보입니다. 그 길을 하나님과 함께 걸어가고 있기 때문입니다. 그래서 그의 삶을 응원합니다. 민교야! 너의 첫 책 탄생을 축하하고, 너의 삶을 응원해. 내 친구 정민교 화이팅!

‖ 유한영 (목사, 뇌성마비 장애인, 위드애인 대표)

우리는 교회에서 주로 교리를 통해 하나님을 만납니다. 그러나 저자를 통해 존 스토트가 말한 '천국의 사냥개'이신 하나님을 만납니다. 가슴 저미도록 불행했던 사람, 주님을 거부하려고 발버둥 쳤던 소년을 절대 포기하지 않으시고 끝까지 물고 늘어지시는 하나님! 결국 저자를 너무나 귀한 사역자로 만들어 가셨던 위대하신 하나님! 그 하나님 나라의 이야기가 우리에게 희망을 불러옵니다. 저자는 이 원고를 써 내려가면서 인생이 다시 해석되는 은혜를 누리며 치유의 하나님을 경험했습니다. 저자의 눈물이 담긴 이 책이 당신의 인생을 새롭게 해석해 줄 것입니다. 나아가 당신 마음의 창을 열고 따뜻한 위로의 바람을 공급할 것입니다. 그리고 당신이 당당히 믿음의 길을 버텨 낼 수 있는 이유를 제시해 줄 것입니다.

‖ 이종필 (세상의빛교회 담임목사, 킹덤처치연구소 대표)

Contents

목차

1. 검은 안경 목사님의 비밀

제 고향은 충남 서천입니다. 부모님을 따라 10살 때 서울로 전학을
왔습니다. 저는 교회에 대한 안 좋은 추억이 있었기에 교회에 가고
싶은 마음이 전혀 없었습니다. 고향에서 교회를 다닐 때 읍내의 녀
석들이 항상 "너희 동네 교회 가지. 왜 읍에 있는 교회를 오냐?"라
며 자꾸 시비를 걸곤 했습니다.

저는 읍이 아니라 리에 살고 있었습니다. 지금 생각해 보면 그 녀석들은 저를 촌놈이라고 놀린 것입니다. 그 녀석들이 저를 얼마나 괴롭히고 텃세를 부리는지 저는 정말 교회 가기 싫었습니다. 결국 저는 속된 말로 교회를 끊었습니다.

서울로 이사 온 후 어느 날, 웬 꼬부랑 할머니가 우리 집에 참기름을 팔러 오셨습니다. 오실 때마다 어찌나 우리 형제와 엄마에게 잘해 주셨는지 모릅니다. 그러시고는 교회 가자고 전도를 하셨습니다. 그 할머니의 지극 정성을 무시할 수 없어서 저와 동생은 다시 교회를 가게 되었습니다.

교회에 갔는데 정말 이상했습니다. 예배를 드리는데 검은 안경을 낀 분이 마이크 앞에서 말씀을 전하고 있는 것이 아닙니까? 저는 '어찌 거룩한 교회에서. 그것도 예배 시간에…. 예의가 없네'라고 생각했습니다. 그런데 한 분도 아닌 세 분이나 검은 안경을 끼고 계셨습니다. 순간 큰 충격을 받았습니다.

'내가 이상한 곳에 온 것이 아닐까?'

덜컥 무서워졌습니다.

'내가 참기름 파는 할머니에게 속았나?'

심장이 떨렸습니다. 빨리 예배가 끝나길 바랐습니다. 예배가 끝나면 동생과 얼른 도망을 가야겠다고 생각했습니다. 예배드리는 시간이 얼마나 길게 느껴지던지…. 예배를 마치고 집으로 가려 하는데 교회 차를 타고 가라고 했습니다. 교회에서 이상한 분들을 봐서 너무 무서웠지만, 어쩔 수 없이 그 차를 탈 수밖에 없었습니다. 하지만 걱정과는 달리 감사하게도 무사히 집에 도착했습니다.

'이제 교회 한 번 갔으니 안 가도 되겠지? 어떻게 하면 안 갈 수 있을까? 친척 집에 가야 한다고 할까? 아님 교회에 가기 싫다고 해야 할까?'

저는 다음 주에 안 갈 핑계를 만들어야 했습니다. 하지만 변명은 할 수 있겠는데 교회 가기 싫다고는 말하지 못할 것 같았습니다. 그동안 우리 집에 오셔서 과자며 때로는 참기름도 공짜로 주셨는데, 차마 그 말은 할 수 없었습니다.

하지만 교회만 이상한 것이 아니었습니다. 학교도 마찬가지였습니다. 반 아이들이 제가 말만 하면 웃고 따라 했습니다. 처음에는 그 아이들이 왜 웃는지 도저히 이해할 수 없었습니다. 하지만 시간이 지나고 나서 알게 되었는데, 제가 충청도 사투리를 쓰고 있었습니다.

저는 당연히 제가 사투리를 쓴다고 생각을 못 했습니다. 당연하게도 어렸을 때부터 그냥 써 왔던 말이었고 가족이나 친구들도 다 저와 같은 말을 했기 때문입니다. 그런데 서울로 전학을 오니 아이들이 웃으며 제 말을 따라 했습니다.

"그래유~"

아! 정말 창피해서 쥐구멍이라도 있으면 들어가고 싶었습니다. 교회에 적응하기 힘든데 학교에도 이런 복병이 있을 줄 누가 알았겠습니까! 그래도 학교는 가야 했습니다. 그런데 어찌나 시간이 빨리 가는지 금세 주말이 다가왔습니다.

'왜 이렇게 시간이 빨리 가는 거야…. 교회 안 갈 핑계를 만들어야겠다.'
"엄마, 나 있잖아. 지난주 교회에 따라갔는데 검은색 안경 끼고 앞에서 설교하는 분이 한 분도 아니고 세 분이나 그 교회에 있었어. 다른 교회랑 너무 달라. 나 무서워. 교회 가기 싫어. 그러니까 엄마가 그 참기름 할머니에게 내일 친척 집에 가야 돼서 교회 못 간다고 전화해 줘. 엄마, 부탁이야."

저는 엄마가 당연히 제 말을 들어주실 줄 알았습니다. 그런데 제 예상은 빗나갔습니다. 그 할머니는 이미 주중에, 우리가 학교 가고 없을 때 오셔서 엄마에게 전도를 하신 것이었습니다.

"그 할머니가 그렇게 오셔서 과자도 사 주시고 용돈도 너희에게 주시는데, 어떻게 교회를 안 보내니? 자꾸 가다 보면 적응이 될 거니까 다녀 봐."

'아! 난 망했다…'

"아니, 엄마가 안 가 봐서 그래. 얼마나 무서웠는데…. 난 싫어. 안 갈래. 못 가!"

"교회 가서 나쁠 게 없잖니? 너희 둘은 잘 다녀 봐."

상황은 종료됐습니다. 세상에 믿을 사람이 없었습니다. 하늘이 무너지는 것 같았습니다.

'엄마가 아들 말을 안 들어주고 참기름 할머니에게 넘어가다니…
ㅠ.ㅠ'

그날 밤, 잠을 설쳤습니다. '내일 교회 차가 우리 동네에 오면 난 어쩌지? 그냥 힘없이 끌려가야 하나…'라고 생각하다가 잠이 들었습니다. 아침이 되었고, 엄마의 목소리가 들렸습니다.

"어서 일어나. 아침 먹고 교회 가야지!"

정말 듣기 싫었습니다. 그럼에도 저는 힘이 없었기에 엄마가 시키는 대로 일어나 아침을 먹고 도살장에 끌려가는 소처럼 끌려갔습니다.

교회에 도착하니 찬양이 나오고 있었고, 앞에서 선생님은 율동하면서 찬양을 부르셨는데 신기하게도 신이 났습니다. 저도 모르게 동화되어 갔습니다. 그리고 선생님이 기도하고 나니 지난주에 봤던 검은색 안경을 쓴 목사님이 나오셨습니다. 그런데 뭔가 조금 이상했습니다. 마이크 위치를 손으로 더듬거리면서 높이를 맞추셨습니다. 그래도 그냥 그런가 보다 했습니다. 잠시 후 목사님은 설교를 시작하셨는데, 얼마나 열심히 말씀을 전하시는지. 게다가 아무것도 보시지 않고 설교하시는데 놀랐습니다. 참 신기했습니다.

그렇게 예배가 끝났고, 담당 선생님은 새로 나온 저와 동생을 앞으로 나오게 해서 많은 친구들 앞에 소개시키셨습니다. 그다음 각 반 공과 공부를 하는데 저와 동생은 각자 학년에 맞는 반으로 보내졌습니다. 그때 우리는 서로 눈빛으로 말했습니다.

〈잘 살아 보자~〉

공과를 마치고 반 친구들과 교회 근처 놀이터에서 노는데 세상에서 제일 재미있었습니다. 놀다 보니 친구들이랑 금방 친해졌습니다. 여전히 목사님이 왜 검은색 안경을 끼고 있는지 의문은 풀리지 않았지만, 이렇게 슬슬 교회에 적응되기 시작했습니다. 안 가려고 어떻게든 핑계를 찾던 모습에서 이제는 다음 주 주일이 기다려질 정도였습니다. 심지어 교회에서 차량 운행을 할 때 우리 집이 마지막 순서인데, 어느 때에는 2시간도 걸렸지만 그럼에도 좋았습니다.

15인승 봉고에는 꽉 차게, 어느 경우에는 그 이상 타고 집으로 갔습니다. 집에 갈 때마다 차량 운전해 주시는 집사님께서 찬양을 불러야 차가 움직인다고 찬양하라고 하셨습니다. 처음에는 서로 눈치를 보면서 아무도 안 했습니다. 그랬더니 정말 차가 섰습니다. 그 후 시동이 꺼졌습니다.

"거 봐라. 찬양을 안 하니까 차가 멈췄잖아. 어여 찬양해라!"

그러자 한 학생이 찬양을 시작했습니다.

"어두운 밤에 캄캄한 밤에 새벽을 찾아 떠난다~!"

그러면 차가 달리기 시작했습니다. 아이들의 목소리는 점점 높아졌고, 차도 신나게 달렸습니다. 그래서 항상 교회에서 집에 올 때면 목이 다 쉬었습니다. 교회에서 출발하여 집에 올 때까지 찬양을 부르니 득음할 뻔했습니다.

이렇게 제 신앙생활이 안정기에 접어들고 몇 달이 흘러 연말이 다가왔습니다. 성탄절 성극 연습에 성가대 칸타타 연습 등으로 정말 정신없이 시간이 지나갔습니다. 그리고 드디어 12월 31일 송구영신 예배 시간이 되었습니다. 그러다 희한한 장면을 목격했습니다. 예배드리기 전에 어른들이 검은색 안경을 낀 목사님께 가서 무릎을 꿇고 기도를 받는 것이 아닙니까?

우리는 날씨가 추워 따끈따끈한 어묵탕을 먹으며 친구들과 이야기하고 있었습니다. 그런데 친구들도 하나씩 기도를 받으러 가는 것입니다. 점점 제 차례가 다가왔습니다. 저는 계속 피해 다녔습니다. 무서웠습니다. 검은색 안경을 낀 목사님을 보면서 더 무서워졌습니다. 왜냐하면 아동부 전도사님이 낀 안경보다 그 목사님이 낀 안경은 더 까맣기 때문입니다.

'아, 어쩌지.'

이리저리 피해 다니는 저를 보시고 박 선생님이 말했습니다.

"넌 왜 기도 안 받니? 나랑 같이 가자."

박 선생님은 저를 데리고 강대상 앞으로 가셨습니다. 전 아무 말도 못 하고 끌려갔습니다. 무서워서 가슴이 콩닥콩닥했습니다.

'어쩌지? 지금이라도 도망가야 하나?'

하지만 도망갈 수 없었고, 전 무릎을 꿇고 말았습니다. 목사님이 누구냐고 물으셨습니다. 절 데리고 온 박 선생님이 자세히 설명하셨고 잘 듣고 계시던 목사님께서 기도를 어찌나 뜨겁게 해 주시던지, 어린 마음에도 참 좋다는 기분이 들었고 무서움은 사라졌습니다.

'뭐 별거 아니네….'

막상 기도를 받고 나서 드는 생각이었습니다. 그러고는 강대상을 내려왔습니다.

그렇게 송구영신 예배를 드리고 집에 오는데 하늘에서 눈이 펑펑 내렸습니다. 기분 좋게 집에 들어서는데 대문 앞에 큰 박스가 있는 것이 아닙니까? 무엇일까 궁금해하며 후다닥 방으로 들어갔습니다. 그런데 세상에나! TV와 비디오가 붙어 있는 TV였습니다. 순간 황홀했습니다.

'이렇게 열심히 송구영신 예배를 드리고 오니 우리 집에도 좋은 TV가

생기는구나!'

고향 서천에 살 때는 빨간색 흑백 TV를 보고 살았습니다. 동네 형 집에는 나무로 잘 짜인 박스 안에 미닫이문이 있는 컬러 TV가 있었는데, 우리는 보고 싶어도 아무 때나 볼 수 없었습니다. 그런데 서울에 와서 몇 년이 흘러 그 TV가 부럽지 않을 멋진 TV가 우리 집에 생긴 것입니다. 너무 기뻤습니다.

그 후로 좋은 일들이 많이 생겼습니다. 이젠 교회에도 적응했고, 무슨 내막으로 검은색 안경을 쓰고 계신지는 모르지만 목사님, 전도사님들도 덜 무서워졌고, 점점 더 행복해져 갔습니다.

우리 세대는 한국 교회 교회학교 부흥의 마지막 세대입니다. 여름 성경 학교를 할 때 북 들고 탈을 쓰고 교회 근처 동네를 다니면서 찬양하면 많은 아이들이 모였습니다. 큰 종이에 여름 성경 학교 날짜와 시간을 큼직큼직하게 적고, 큰 소리로 외쳤습니다.

"은평침례교회 여름 성경 학교가 곧 시작됩니다! 모두 오세요!"

선발대가 이렇게 외치며 가고, 키가 큰 구현이 형은 인형 탈을 쓰고 가고, 그 뒤에 학생들이 따라가며 찬양을 불렀습니다. 그러면 완전 그곳이 천국이었습니다. 우리들의 세상이 되었습니다! 아무도 건들지 못했습니다. 신나게 여름 성경 학교 준비를 하고 함께 놀러 다니며 너무 행복하게 보냈습니다.

'이것이 교회구나! 어느 누구나 행복하게 해 주는 곳!'

형, 누나, 친구들과 동생들이 깔깔대고 웃으며 때론 진지하게 눈물도 흘리며⋯. 정말 삶의 모든 것이 교회가 되었습니다.

예배당 맨 뒤에 장의자를 쌓아 올리고 바닥에 장판을 깔고 벽마다 반별 출석부를 만들어 붙였습니다. 새벽 기도와 여름 성경 학교의 모든 예배에 출석하면 좋은 선물을 준다고 해서 국민학생이었던 저는 새벽에도 눈 비비고 일어나 버스를 타고 교회로 향했습니다. 예배에 출석할 때마다 포도알 스티커를 주었는데, 포도송이가 점점 가득 차기 시작하면서 기대감은 커져 갔고, 열심히 출석한 결과로 결국 좋은 선물을 받았습니다. 그 선물이 무엇이었는지 정확히 기억나지는 않지만, 세상을 다 얻은 것같이 좋아했던 감정은 여전히 남아 있습니다. 그렇게 교회 가는 것이 재미있고 행복했습니다.

'이렇게 좋은 곳이 교회구나!'

시간이 흘러 늘 궁금해했던 것, 즉 목사님, 전도사님의 검은 안경 비밀을 알게 되었습니다. 담임목사님은 19살에 화공 약품 폭발로 온 몸에 화상을 입었고 그때 두 눈을 실명하셨다고 했습니다. 다른 전도사님들도 중도에 실명하셨다고 했습니다. 전 어린 마음에 그 이야기를 들으면서 속으로 생각했습니다.

'세상에…. 내가 동화에서나 들은 심 봉사를 여기서 보네.'

놀라기도 하고 신기하기도 했습니다.

한편, 목사님과 전도사님들은 예배를 드릴 때, 항상 두꺼운 책 위에 왼손을 올려놓고 무언가를 읽어 나가셨는데 그 모습이 이상했습니다. 그제서야 그 비밀도 알게 되었는데, 점자 성경책과 점자 찬송가를 읽고 계신 것이었습니다. 그런데 보는 사람보다 더 잘 읽고, 읽는 속도도 빨라서 감탄이 절로 나왔습니다.

'아! 하나님이 살아 계시는구나.'

그러면서 제 마음에도 조금씩 믿음이 들어오기 시작했습니다. 앞을 보지 못해도 늘 웃으시며 즐겁게 사시는 목사님, 전도사님을 보면서 큰 감동을 받았습니다.

'어떻게 앞이 보이지 않는 상황에서 살아갈 수 있을까? 정말, 이분들이 믿는 하나님은 무언가 다른가 보다.'

신앙에 대한 궁금증과 물음이 생겨났습니다.

제가 본 목사님과 전도사님의 하나님이라면 저도 믿어 보고 싶다는 생각이 들었고, 저도 하나님을 더 깊이 진정으로 믿어야겠다고 생각했습니다. 여름 성경 학교에서 받은 은혜와 함께 제 신앙은 계속 성장하기 시작했습니다. 그렇게 저는 교회의 일원으로, 하나님의 자녀로 잘 성장되어 갔습니다.

2. 아빠와 엄마

벌컥, 벌컥~

당시에 우리 집 상황이 좋지 않았습니다. 아빠 때문이었는데, 아빠
는 매일 술을 드시면서 신세 한탄을 하셨습니다. 목숨 걸고 월남전
에 참전해서 돌아와 참전 용사들에게 주는 포상금을 받았는데, 집
에 빚이 많아 갚고 조금 남은 돈도 형제들에게 쓰고 나니 정작 자기
에게는 돈 한 푼 남은 것이 없어서 이렇게 고생한다는 이야기. 정말
귀에 못이 박히도록 들었습니다.

그 정도면 다행이었는데, 아빠는 술에 취해 밥상을 엎고 엄마와 저와 동생을 때리고 잠도 재우지 않으셨습니다. (지금도 그 생각을 하면 끔찍합니다.) 아빠는 그렇게 매일 술을 드셨고 잠이 들 때까지 계속 엄마와 우리를 괴롭혔습니다. 아빠의 술주정은 날이 갈수록 심각해졌고, 그에 따른 엄마와 저와 동생의 고통은 가중되었습니다.

엄마는 참다못해 외할머니 집으로 피신하셨습니다. 저와 동생은 집 밖에서 아빠가 잠들기를 기다리곤 했는데, 아빠가 도저히 잠잘 생각을 하지 않으면 엄마가 있는 외할머니 집으로 갔습니다. 그런데 외할머니 집에 가면 대문은 잠겨 있었습니다.

　"할머니~ 엄마~ 우리 왔어요. 문 좀 열어 주세요."
　"니네 집으로 가라. 보기도 싫다."

외할머니는 속상해하시며 문을 열어 주지 않으셨습니다. 이럴 때면 우리 형제는 매우 난감했고 서글퍼졌습니다. 그래도 포기하지 않았습니다.

　"할머니~ 엄마~ 우리 왔으니 제발 문 좀 열어 주세요."

이렇게 여러 번 간곡하게 부르고 나서야 문은 열리곤 했는데, 어떤 경우에는 새벽까지 기다려야 했습니다.

"엄마! 내가 먼저 가서 아빠가 잠들었는지 보고 올게."

그러고는 집에 가서 확인한 후 엄마랑 동생을 데리고 집으로 온 날이 허다했습니다.

술을 먹고 깊은 잠이 든 아빠를 볼 때마다 이런 생각이 들었습니다.

"왜 술을 저렇게 마실까? 왜 못 이기는 술을 마실까?"

술이 없는 세상에서 살고 싶었습니다. 술 드시고 그냥 조용히 자면 좋은데, 사람을 괴롭히니 이때부터 아빠가 없어졌으면 좋겠다는 생각이 들 정도였습니다. 하지만 교회에서 들은 말씀이 있기에 저는 늘 갈등을 했습니다.

'하나님! 제발 우리 아빠 술 좀 그만 마시게 해 주세요.'

이 기도를 정말 많이 했는데 아무런 응답이 없었습니다. 하지만 하나님은 전지전능하신 분이고, 사자들의 입도 봉하시는 분이라 들었기에 계속 기도했습니다.

'우리 아빠가 술을 못 마시게 입을 봉해 주세요!'

하지만 제 기도가 부족했는지 전혀 응답되지 않았습니다. 입이 봉해지기는커녕 술을 더 드셨고 엄마와 우리 형제를 더 힘들게 하셨습니다. 하지만 기댈 곳이 하나님밖에 없으니 기도를 간절히 하고자 새벽기도회, 수요 기도회, 금요 기도회, 부흥회를 계속 다녔습니다.

'하나님! 우리 가정을 한 번만 돌봐 주세요…. 그리고 우리 엄마, 저희와 함께 교회 다니게 해 주세요….'

정말 간절히 기도했습니다. 1년이 지나고, 2년이 지나고, 계속 시간이 흐르면서 고민이 생겼습니다. '과연 하나님은 살아 계신가? 나의 삶 속에서 하나님은 살아 계신가?'라는 질문들이 계속해서 생기기 시작했습니다.

엄마는 태어날 때부터 아팠다고 하셨습니다. 외할머니가 엄마를 임신하고 산에 나무를 하러 갔다가 헛것을 봐서 크게 놀라셨는데, 그때 잘못되어 엄마에게 뇌전증이 왔다고 외할머니에게 들었습니다. 그래서 엄마를 결혼시키지 않고 평생 데리고 사시려고 했다고 하셨습니다.

"그런데 아빠를 어떻게 만났어요?"

엄마는 한산에 오일장이 있어 갔는데 그곳에서 막내 이모할머니를 만났고, 그 막내 이모할머니가 중매하여 아빠랑 결혼하게 되었다고 하셨습니다. 막내 이모할머니가 월남 갔다 돌아온 조카가 있는데 결혼도 못 하고 있다며 우리 조카랑 결혼하면 좋겠다고 엄마를 설득했다고 하셨습니다. 게다가 막내 이모할머니가 엄마에게 얼마나 지극 정성으로 대하셨는지 엄마는 감동을 받았다고 하셨습니다. 엄마는 그렇게 결혼을 하셨습니다.

하지만 불행이 찾아왔습니다. 부모님께서 서울에 살았던 적이 있는데, 그때 제 위에 누나가 있었다고 합니다. 제가 태어나기 전 아파서 죽었다고만 들었습니다. 그런데 나중에 고모에게 이야기를 들으니 누나가 아파서 죽은 것이 아니라 엄마가 누나를 업고 길을 가다가 쓰러졌는데 그때 누나가 그만 깔려서 죽었다고 했습니다.

너무나 마음 아픈 이야기였습니다. 아빠가 누나를 엄청 예뻐했던 까닭에 낙심도 컸다고 합니다. 그래서 아빠가 술을 자주 드신 것이 아닐까 싶습니다. 한편 엄마는 또 오죽하셨겠습니까? 본인의 병 때문에 딸이 죽었으니 그 마음에 상처가 얼마나 크고 힘들었을까요? 어디에도 말 못하고 가슴에 묻고 살아내야 하는 삶은 얼마나 무거웠을까요?

엄마는 뇌전증으로 늘 불안해하셨습니다. 스트레스를 많이 받거나 아빠가 술을 드시고 힘들게 하면 엄마는 며칠씩 방에 누워 계셔야만 했습니다. 아빠가 술을 안 드시고 잠잠해지면 엄마도 아프지 않고 일상생활을 잘하셨습니다.

엄마도 그렇고, 아빠도 그렇고 부모의 고단한 삶의 이야기를 듣고 보니 마음이 아팠습니다. 한편으로 아빠가 왜 술을 그렇게 드시는지도 이제는 조금 알 것 같습니다. 아무리 노력해도 변화되지 않는 현실…, 다람쥐 쳇바퀴와 같은 삶…, 얼마나 고단했을까요. 평생 고쳐지지 않는 병을 안고 살아야 하는 엄마. 심지어 첫째 딸을 몇 달 품어 보지도 못하고 떠나보내야 했던 비극…. 마음이 아프고 시립니다.

그럼에도 엄마는 마음이 올곧고 따뜻한 분이셨습니다. 그래서 몸은 아팠지만, 친척들에게 인정받았습니다. 우리 집이 가난해서 친척들의 행사를 잘 챙기지 못했지만, 엄마는 진심을 담아 전화로 안부를 묻고 축하 인사를 했습니다.

"항상 어른을 공경하고 마음을 담아 표현해라."

엄마는 제게 늘 이렇게 가르치셨습니다. 그래서 그 가르침을 따라 잘살아 보려고 애를 썼습니다. 하지만 그것이 쉽지는 않았습니다.

저는 엄마에 대한 걱정 때문에 '나라도 엄마를 걱정시키지 않아야지'라고 생각하며 살얼음판을 걷는 것처럼 살았습니다. 저까지 힘들게 하면 엄마가 더 아프실 테니까 말입니다. 그래서 참기름 파는 할머니가 전도하러 왔을 때에도 교회에 대한 안 좋은 추억이 있어서 교회를 가고 싶지 않았지만, 엄마의 건강을 위해서라도 가야겠다는 마음을 먹고 반신반의로 교회를 갔던 것이었습니다. 엄마의 희망이 되고 싶었고, 기쁨이 되고 싶었습니다.

학교에서도 공부를 열심히 했습니다. 촌놈이라고 놀리고 사투리 쓴다고 놀리는 친구들이 있었지만, 제가 학교에서 문제를 일으키면 엄마가 걱정하고 신경 쓰면 아플 테니 꾹 참고 학교에 다니며 공부했습니다. 국민학교 3학년 때, 처음으로 상을 받았습니다. '진보상'으로 전보다 성적이 어느 정도 올라가면 진보했다고 하여 격려하는 차원에서 주는 상이었습니다. 그 상을 탄 후 구겨지지 않도록 책가방에 잘 넣어서 집으로 가져와 제일 먼저 엄마에게 보여 주었습니다. 엄마는 상장을 받아 보시고는 즐거워하셨고 저녁에 일을 마치고 집에 돌아온 아빠한테도 상장을 보여 주셨습니다. 그러면 우리 집은 웃음꽃이 피었습니다. 아빠는 제가 받은 상장을 액자에 넣어 벽에 걸어 두었습니다. 그렇게 받은 상장이 하나둘 쌓이기 시작했습니다. 이것이 힘들게 살아가는 엄마를 기쁘게 해 줄 수 있는 유일한 방법이었습니다.

3. 이단에 잠깐

어렸지만 신앙이 깊어지기 시작하면서 제 삶의 문제들에 대하여 하나님께 기도하고 질문했습니다. 하나님께서 제게 무슨 말씀을 하실 줄 알았는데 아무런 말씀도 하시지 않았습니다. 그래서 저는 이제 교회를 그만 다녀야겠다고 생각했습니다. 그렇게 마음을 먹고 교회를 다니지 않았습니다. 제 기도를 들어주지 않기 때문입니다.

그러던 어느 날, 학교에서 돌아와 엄마가 보고 있는 TV 화면을 보는데, 한 남자가 하얀 양복을 입고 찢어진 눈으로 매섭게 사람들을 바라보며 안수 기도를 하는데, 사람들이 픽픽 쓰러졌습니다.

'세상에 어떻게 저렇게 될 수 있지? 와~ 신기하다. 거기에 가면 내 기도가 이루어질까?'

사람들이 정말 많이 모여 있었습니다. 나중에 알고 보니 귀신 쫓는 비디오테이프를 제작하여 전도 대상자들에게 나눠 주는 전도법이었습니다. 그곳으로 제 마음이 기울어지면서 교회를 잠깐 갈아탔습니다. 그래야 아빠가 술도 끊고 교회에 갈 수 있겠다는 생각이 들었습니다.

"예수님 찬양~ 예수님 찬양~ 예수님 찬양합시다~ 할렐루야~ 할렐루야 ~ 예수님 찬양합시다~."

전국 방방곡곡에서 사람들이 얼마나 모여드는지, 정말로 대단했습니다. 찬양을 부르면서 안수 기도를 하면 사람들이 픽픽 쓰러졌습니다. 화면에서 보던 것이 제 눈앞에서 일어났습니다.

'와우~ 이것이 진정한 하나님의 역사구나!'

국민학교 때이니 당연히 신기방기하고 대단하게 보이는 것이 사실이었습니다.

'이제야 내가 제대로 찾아왔네!'

저도 신나게 찬양했습니다. 열심히 찬양하며 저도 이곳에 빠지기 시작했습니다. 그동안 다녔던 교회와는 너무나 다른 교회였습니다. 목사님도 시각 장애인이 아니고, 모두가 뜨겁게 찬양하며 "아멘! 아멘!" 하며 울며 기도하는데, 이 교회는 뭔가 다르구나 싶었습니다. 이곳에서 새로운 희망을 보았습니다.

'여기서 열심히 신앙생활을 해 보자!'

굳게 마음을 먹었습니다. 새로운 교회에 온 목적이 있기에 열심히 기도하고 예배드리고 찬양도 했습니다. 제 소원은 오직 아빠가 술을 마시지 않는 것이니 제 모든 생각과 마음을 집중했습니다. 이것만이 제가 할 수 있는 유일한 것이었고, 그래야 우리 가정에 평화가 올 것 같았습니다.

또한 교회를 가면 갈수록 병든 자들이 고침을 받고, 귀신 들린 자들에게 "나사렛 예수 이름으로 떠나가라!"라고 선포하면 귀신들이 떠나가니 제 모든 것을 걸 수밖에 없었습니다.

비디오테이프로 녹화한 집회 영상만 봐도 병이 낫고 귀신 들린 자에게서 귀신이 떠난다고 하니 어린 마음에 집회 비디오테이프를 사서 엄마와 아빠에게 보여 주고 싶었습니다. 하지만 돈이 없었기에 고민했는데, 마침 교회에 저를 데리고 간 동네 동생 집에 비디오테이프가 있다는 소리를 듣고 빌려 와서 비디오테이프를 엄마에게 보여 주며 아빠와도 함께 보자고 했습니다.

제가 간청한 덕분에 엄마는 비디오테이프를 틀어서 보셨습니다. 하지만 아무런 반응도 하시지 않았습니다. 엄마에게는 지병이 있었기에 저는 그 병을 고쳐 주고 싶은 마음이 매우 컸습니다.

'어라? 왜 우리 엄마 병이 낫지 않지? 조금 기다려 보자. 시간이 필요하겠지…'

하루가 지나고 이틀이 지나고 계속 기다렸습니다. 그리고 엄마에게 비디오테이프를 많이 보게 하려고 틈만 나면 이야기했습니다. 저는 이번 기회에 엄마의 지병과 아빠의 술 문제가 해결되기를 간절히 바라고 기도했습니다. 어느 때 보다 정말 간절하게 기도하고 또 기도했습니다. 그렇게 하루, 이틀, 사흘, 나흘이 지났는데도 아무런 기적이 나타나지 않았습니다. 절망스러웠습니다.

'왜 우리 엄마는 병이 낫지 않고, 아빠는 술을 못 끊으실까? 혹시 할머니가 무당이라서 그런가? 큰 귀신이 있어서 그런 것인가?'

여러 가지 생각이 들었습니다. 의심이 생기기 시작했습니다. 하지만 여기가 아니면 안 될 것 같은 생각이 자꾸 들어서 마음이 힘들었습니다. 여러 고민 끝에 '교회도 바꿨는데 존심이 있지. 끝까지 해보자'라고 마음을 먹었습니다.

그리고 토요일과 주일, 교회학교 예배와 행사에 열심히 참석했습니다. 그리하여 저는 주일학교 학생회장도 했습니다. 선생님들이 시키는 대로 했습니다. 율동과 암송 구절을 열심히 따라 했고, 예배 시간에 대표 기도와 예배 준비 등 제가 할 수 있는 것은 다 했습니다.

그렇게 시간은 흘러갔습니다. 1년이 지나 2년이 되었습니다. 열심히 노력하고 애썼지만 아무런 기적은 일어나지 않았고, 오히려 엄마와 아빠가 자주 싸우는 일까지 생겼습니다.

'이게 뭐지? 예수가 있기는 한 거야? 이거 사기 아니야?'

점점 상황이 어려워지니 모든 것을 포기하고 싶었습니다. 아무리 해도 안 되는 이 현실…. 제 마음은 반반이었습니다. '내가 여기까지 어떻게 왔는데 포기할 수 없지'라는 마음과 '어서 마음을 고쳐먹고 교회를 다니지 말자'라는 마음이었습니다.

'도대체 하나님은 뭐하고 계시는 거야? 기도하면 다 들어준다며! 전지
전능하다며! 모르는 것이 없다며! 근데 왜 내 기도는 안 들어주는 거
야! 없는 거 아니야!'

제 마음에 불만이 쌓여 갔습니다. 마지막으로 한 번 더 기도해 보고 안 들어주면 다시는 교회 안 가겠다고 마음먹고 기도하기 시작했습니다. '내 정성이 부족해서 그런가?'라는 생각이 들어서 더 열심히 했습니다. 미치도록 매달리고 또 매달렸습니다.

그러던 어느 날, 전에 다니던 은평침례교회 목사님이 우리 집에 심방을 오셨습니다. 우리 형제가 교회를 안 나오고 엄마의 몸이 좋지 않다는 것을 아셨기에 오셨던 것입니다. 순간 미안한 마음이 들었습니다. 저는 목사님의 얼굴을 도저히 볼 수 없어서 심방이 끝날 때까지 밖에 숨어 있었습니다.

어느 정도 시간이 흘러 심방이 끝났겠지 싶어 집으로 향했습니다. 집에 도착하여 조심스레 현관문을 열어 보았습니다. 하지만 여전히 사람들이 있었습니다. 목사님의 기도 소리가 들려왔습니다. '조금만 기다려 보자' 하며 숨죽이고 있었습니다.

"이 테이프 누가 줬어요? 여기 이단이에요. 조심하셔야 합니다. 교회라고 다 교회가 아녜요. 절대로 보지도 마시고 따라가지도 마세요."

지금 내가 다니고 있는 교회 비디오테이프를 보고 하시는 말씀이었습니다.

'헉! 내가 지금 무엇을 들은 것인가? 내가 지금 다니는 교회가 이단이라고? 이게 말이 돼?'

교회에 가서 예배드리고 찬양을 뜨겁게 부르고 난 뒤, 목사님이 "나사렛 예수의 이름으로 명하노니 더러운 귀신은 떠나가라~! 질병은 떠나갈지어다~!"라고 외치고, 회중이 "아멘! 아멘!"이라고 모두가 큰 소리로 외치면, 여기저기서 픽픽 쓰러지고 잠시 기절해 있다가 일어나서 귀신이 나갔다고 말하고 목발 짚던 사람이 목발을 집어 던지고 걷는데, 이단이라고 하시니 도저히 믿을 수가 없었습니다. 그래서 집 주변에 있는 교회에 전화해서 물어봤습니다.

"혹시 ○○○교회가 이단인가요?"

그런데 이단이 맞다고 했습니다. 그 답변에 하늘이 무너지는 것 같았습니다.

'아니, 어떻게 그럴 수 있지? 난 정말 간절한데. 나를 속이다니. 나쁜 목사, 나쁜 사람들. 내가 다시 교회를 나가나 보자.'

게다가 원망과 분노가 치밀어 올랐습니다.

'이게 뭐야! 난 그동안 뭘 한 거지? 나를 속인 사람들 가만 안 둘 거야!'

혼자 씩씩대고 있었습니다. 그렇게 며칠이 흐르고 엄마는 저를 달래고 진정시키셨습니다. 너무 기분이 나빴지만, 엄마가 달래시니 엄마를 위해서라도 마음을 진정할 수밖에 없었습니다. 엄마가 아프시면 안 되니까…. 아직도 제게는 숙제가 남아 있었습니다. 아빠가 술을 끊는 것과 엄마의 병이 낫는 것. 이 꿈을 이룰 수 있을지…. 저는 무엇을 해야 할지….

이단 교회에 속아서 열심히 다녔던 저는 좌절하며 어떻게 해야 할지 안절부절못했습니다. 그렇다고 다시 은평교회에 갈 수도 없고 참 난감했습니다. 그렇게 또 시간이 흘러갔습니다. 그런 상황 속에서도 참기름 파시는 할머니 집사님은 우리 가족들을 포기하시지 않았습니다. 할머니 집사님이 우리 집에 처음 오셨을 때 엄마와 우리 형제들을 지극 정성으로 전도하셔서 그 정성 때문에 은평교회를 가게 되었는데, 이번에도 할머니의 정성은 우리 형제를 교회로 이끌었습니다.

그래서 다시 은평교회를 가게 되었고, 우리 형제가 온 것을 아신 담임목사님은 제게 말씀하셨습니다.

"민교야, 너무 걱정하지 마. 엄마는 목사님이 소개해 주는 병원에서 약
먹고, 목사님이 자주 가서 기도해 주고 하면 괜찮아지실 거야. 그러니
열심히 교회 나와서 예배하고 친구들이랑 잘 지내렴."

얼마나 눈물이 나던지…. 혼자 몰래 숨어서 울었습니다. 그렇게 은
평교회를 다시 다니기 시작했고 안정을 찾아갔습니다. 어느 정도
시간이 흘러 목사님 말씀처럼 정말 우리 엄마 상태가 좋아지고 있
었습니다. 행복했습니다. 이제 하나님이 제 기도를 들어주신 것 같
아 신이 나서 교회를 더 열심히 다녔습니다.

'아! 하나님이 정말 살아 계시네! 엄마가 좋아졌으니 이젠 교회에 가자
고 해야지.'

엄마한테 열심히 전도했습니다. 교회학교 차량 운행해 주시는 김
집사님이 우리 형제를 데려다주시면서 엄마랑 마주치면 말씀하셨
습니다.

"민교 어머니 교회 갑시다."
"교회 입고 갈 옷도 없고 애들 아빠가 교회 가는 걸 싫어해요."

엄마는 이런 핑계를 대시곤 했습니다. 하지만 지금 와서 생각해 보면, 그 당시 엄마 몸이 좋지 않았기에 혹시 예배를 드리다가, 아니면 사람들 많은 데서 아픈 증상이 나타날까 봐 염려하셨던 것 같습니다.

저는 교회가 좋았습니다. 전도사님의 말씀이 귀에 쏙쏙 들어오고, 친구들과 놀이터에서 노는 것도 좋고, 교회에만 가면 형, 누나, 친구, 동생들이 많으니 정말 기분이 좋았습니다. 모든 예배를 마치고 집으로 갈 때면 너무나 아쉬워 눈물이 나곤 했습니다. 더 놀고 싶고 더 교회에 있고 싶었기 때문입니다. 그런 교회에 엄마와 함께 가고 싶었습니다.

> "엄마, 교회 가자! 목사님이랑 전도사님, 그리고 많은 분들이 엄마를 이렇게 교회 오게 하려고 수고해 주시는데 가야 되지 않아? 나도 엄마랑 교회 가고 싶어. 응? 가자."

그리고 목사님도 자주 심방을 오셔서 엄마의 건강을 살펴 주시고 기도도 해 주셨습니다. 지성이면 감천이라고 드디어 엄마가 교회에 나오시기 시작했습니다. 저는 너무 행복했습니다.

'엄마가 드디어 우리와 함께 교회를 나오다니!'

사실 엄마는 시골 교회를 다니시며 권찰 임명도 받으셨다고 했습니다. 그런데 어떤 이유인지는 몰라도 교회를 다니시지 않았습니다. 아마도 병 때문이 아닐까 하는 생각이 듭니다.

저는 앞으로 다시는 은평교회를 떠나지 않고 열심히 신앙생활하며 하나님만 믿고 살 거라고 다짐했습니다. '이젠 아빠 술만 해결하면 돼!'라고 어린 민교는 두 손을 불끈 쥐었습니다.

4. 아빠와 할머니

저는 두 손을 불끈 쥐고 아빠가 술을 끊게 해 달라고 기도하기 위하여 더 열심히 교회를 다녔습니다. 교회에서 부흥회를 할 때면 빠지지 않고 출석했습니다. 이단 교회에 잘못 가서 시간을 허비한 것 때문에 안타까워서 정말 열심히 다녔습니다. 또한 엄마의 병이 호전되고 있으니 아빠가 술만 끊으면 우리 집은 정말 평화로울 것 같아 더 간절히 그랬던 것 같습니다.

하루는 수업 준비물을 사야 하는데 아빠가 돈을 주시지 않았습니다. 돈이 없다고 하셨습니다. 그런데 거짓말이었습니다. 우리 아빠 호주머니에서 돈은 떨어지지 않는다는 것을 알고 있었습니다. 아빠는 얼마나 구두쇠인지 모릅니다.

준비물 사게 돈을 달라고 울고불고해도 안 주셨습니다. 그러다 등교 시간에 늦을 것 같으면 포기하고 울면서 학교에 갔습니다. 그제서야 아빠는 뒤따라오시며 "민교야"라고 부르고 천 원을 주시곤 했습니다. 아빠는 월남전에 참전하여 받은 포상금으로 빚을 갚고 수중에 돈이 하나도 없어 봐서 그러신지 무지 짭니다.

어쩌다 외식하는 날이 있었는데, 아빠가 월급 타는 날이었습니다. 외식하는 것은 좋았지만, 그날이면 아빠는 술을 더 먹으니 정말 답답하기도 했습니다. 아빠가 술을 많이 먹으니 밥을 먹다가 엄마랑 동생은 먼저 집에 가고 저 혼자 아빠가 술을 다 마실 때까지 기다렸다가 아빠를 부축해서 같이 집에 오곤 했습니다.

힘들게 아빠를 데리고 집에 오면, 아빠는 바로 주무시지 않고 이때부터 사람을 괴롭히기 시작했습니다. 어린 시절 나무껍질 벗겨 먹고 자란 이야기, 월남전 참전 등등 했던 소리 또 하고, 또 하고… 그러다 갑자기 찬송가를 불렀습니다.

"천부여 의지 없어서."

'아니, 이렇게 술 먹고 괴롭히면서 찬송가는 왜 부르지?'

어린 마음에 제 머리로는 이해가 되지 않는 아빠의 행동. 정말 미스터리였습니다. 그렇게 아빠가 잠을 잘 때까지 기다리면서 하나님께 간절히 기도했습니다.

'하나님! 제발 우리 아빠 술 좀 그만 먹고 교회 가게 해 주세요.'

그렇게 밤을 지새웠고 아침은 밝아 왔습니다. 잠에서 깬 아빠는 언제 그랬냐는 듯이 아침을 드시고는 공장에 일하러 나가셨습니다. 우리의 삶은 늘 이렇게 다람쥐 쳇바퀴 돌듯 반복적인 삶의 연속이었습니다.

그러다 보니 제 유일한 탈출구는 오직 교회였습니다. 교회 가면 잠시 아빠와도 떨어질 수 있고 누가 저를 괴롭히지도 않고 목사님과 전도사님들 그리고 선생님들이 예뻐해 주시니 교회는 저에겐 천국이었습니다. 은평교회를 만난 것은 제 인생에 큰 축복이었습니다.

한편 아빠와 살면서 술 때문에 힘들기는 했지만, 아빠와 함께했던 좋은 추억도 있습니다. 아빠가 좋아하시는 것이 두 가지였는데, 술과 낚시입니다. 여름휴가 때가 되면 아빠는 낚시하시기 위해 어김없이 고향 충남 서천에 가셨습니다.

서울역에서 장항선 기차를 타고 서천까지 갑니다. 서천 버스 터미널에서 한산 방향 버스를 타고 광암 버스 정류장에서 내려 할머니가 살고 있는 집까지 걸어서 40분을 가야 했습니다. 지금도 그곳은 하루에 버스가 3번만 운행합니다.

아빠는 민물낚시를 좋아하셨는데, 자주 가는 장소까지 가려면 1시간은 가야 했습니다. 아니 더 갔는지도 모르겠습니다. 아빠는 낚시하러 가실 때면 늘 저를 데리고 가셨는데, 낚시 가방과 텐트 그리고 음식까지 바리바리 싸서 갔으니 그 길은 더 멀게 느껴졌습니다.

도착한 곳은 부엉바위였습니다. 그곳에 큰 저수지가 있는데 붕어가 엄청 많았습니다. 아빠는 낚시 포인트에 자리를 잡고 텐트를 치셨습니다. 야간 낚시를 하는데 저는 주로 대낚시를 했고, 아빠는 줄낚시를 하셨습니다. 플래시를 찌가 있는 곳에 비춘 후 가만히 보고 있다가 찌가 내려가면 얼른 낚싯대를 잡아 올려 붕어를 잡곤 했습니다. 참 신기했습니다. 저는 지금도 그 손맛을 기억합니다.

밤은 점점 깊어지고, 낚시를 계속 하고 있었는데 갑자기 발밑에 간질간질한 느낌이 들었습니다. 이상해서 플래시를 발에 비추니, 세상에나! 민물새우가 빛을 따라 제 발밑으로 모여 있는 것 아닙니까! 저는 소스라치게 놀라 소리쳤습니다.

"아빠! 민물새우가 내 발밑에 엄청 많아."
"조용히 있어라. 고기 다 도망간다."

그러시고는 다가와 새우를 잡으셨습니다. 그 후 나중에 잘 씻어서 매운탕에 넣으면 시원하고 맛있다며 잡은 새우를 양푼에 담으셨습니다. 그렇게 제법 많은 양의 새우를 잡았습니다.

새우도 제법 많이 잡고, 붕어도 많이 잡았습니다. 배고플 때쯤 아빠는 코펠에 밥을 하고, 매운탕을 끓이기 위해 붕어를 손질하셨습니다. 비늘을 벗기고 내장과 지느러미를 손질해서 냄비에 넣은 후 고추장을 풀었더니 맛있는 냄새가 진동했습니다. 매운탕 맛이 절정에 이를 때쯤 밥도 뜸이 들고 있었습니다.

방금 한 따뜻한 밥과 매운탕 국물을 함께 먹으니 정말 꿀맛이었습니다. 매운탕을 어느 정도 먹어갈 때 아빠가 라면을 넣어 끓여 주셨는데 환상적인 맛이었습니다. 지금도 한 번씩 생각나는 아빠가 끓여 주신 매운탕. 이젠 다시 맛을 볼 수 없어서 더 그립습니다. 또한 국민학교 시절 서울로 이사 간 후 여름휴가 때가 되면 아빠랑 함께 갔던 부엉바위! 다시 가고 싶습니다!

국민학교 5학년 때 일입니다. 학교에서 공부하고 있는데 엄마가 학교에 전화를 하셨습니다. 할머니가 돌아가셨다는 것입니다. 할머니가 위암을 앓고 계신 것은 알았지만, 그렇게 빨리 가실지 몰랐습니다. 할머니가 돌아가셨다는 말이 믿어지지 않았습니다.

'우리 할머니가 돌아가시다니…. 우리와 오래 함께하실 것 같았는데 벌써 가시다니….'

할머니는 제게 특별한 분입니다. 할머니는 장손인 사촌 형도 잘 챙기셨지만, 서울로 이사 가기 전까지 할머니와 함께 살았던 저를 많이 사랑해 주셨습니다.

제 고향은 모시로 유명한 곳입니다. 모시가 유명하니 집집마다 두 손으로 모시 잇기를 열심히 했습니다. 부업으로는 이것만큼 좋은 것이 없었습니다. 할머니는 두 손으로 모시 잇기를 하여 장에 가서 파셔서 번 돈으로 제가 좋아하는 과자, 생선, 고기 등을 사신 후 가장 먼저 저를 챙겨 주셨습니다.

그리고 할머니가 가장 아끼던 백도, 황도 복숭아 통조림도 복숭아는 제게 주시고 할머니는 국물만 드셨습니다. 저는 갓난아기 때 마당에 던져진 바람에 어릴 적부터 많이 아팠고, 심지어 죽다가 살아났기에 할머니는 늘 제 건강을 걱정하셨습니다. 그런 저를 지극 정성으로 키워 주신 덕분에 저는 지금도 음식을 가리지 않고 골고루 잘 먹습니다.

할머니는 늘 담배를 피우셨습니다. 그리고 술도 종종 잡수셨습니다. 동네에서 술을 드시고 취하셔서 집에 오려고 하면 꼭 저를 부르셨습니다. 제가 가지 않으면 할머니는 집에 오시지 않았습니다.

우리가 서울로 이사한 후 할머니가 우리 집에 오실 때면 이것저것 많이 챙겨 오셨습니다. 공장에서 새참으로 먹는 컵라면을 좋아해서 밥 대신 컵라면을 먹고 있으면, 밥은 안 먹고 라면만 먹는다고 야단치시며 엄마에게 라면을 그만 먹이라고 하셨습니다. 저를 너무나 사랑해 주셨던 할머니! 할머니를 이제 세상에서 볼 수 없다는 것이 너무 힘들었습니다.

우리는 부랴부랴 할머니가 계신 큰집으로 급히 내려갔습니다. 큰집에 도착하니 할머니는 관 속에 계셨습니다. 하얀 소복을 입고 계셨고, 입, 코, 귀 모두 솜으로 막혀 있었습니다. 보고도 믿을 수 없었습니다. 그렇게 5일 상을 마치고 할머니를 묻기 위해 고향으로 출발했습니다.

고향 동네에 오니 상여가 준비되어 있었습니다. 산소까지는 제법 거리가 있었습니다. 상여를 메고 앞에서 종을 치는 사람이 선창하면 상여꾼들이 답합니다.

"이제 가면 언제 오나~"

"어어야~ 데헤야~"

할머니 산소에 도착하니 사람이 누울 수 있게 땅을 파 놓았습니다. 제 고향에서는 관을 묻을 때 탈관합니다. 할머니는 붕대로 칭칭 감긴 채 땅속으로 들어가셨고, 그 후 관은 태워서 없앴습니다. 정말 마음이 힘들고 아팠습니다. 이제 보고 싶어도 볼 수 없는 할머니!

"할머니! 할머니! 안돼."

얼마나 울었던지 거의 기절한 상태였습니다. 그렇게 저는 세상에서 처음 슬픈 이별을 했습니다.

'할머니의 빈자리를 어떻게 채워야 할지…. 나를 사랑해 주던 할머니를 이젠 영영 못 보다니….'

할머니가 교회를 다니시지 않아서 더 마음이 아팠습니다. 이제 이런 슬픔은 다시 맞이하고 싶지 않았습니다.

5. 시골에서의 추억

저는 평소에 어른들과 잘 통합니다. 왜냐하면 시골 출신이라서 그렇습니다. 제 나이 또래와 같지 않습니다. 시골에 대한 경험이 풍부하기 때문입니다.

서천에 살 때 하루는 형들과 냇가에서 놀고 있었습니다. 족대를 가지고 삼삼오오 모여서 족대 있는 쪽으로 고기를 몰아 송사리, 메기,

쏘가리 등을 많이 잡았습니다. 족대가 없을 때에는 큰 돌을 구해 물속에서 돌과 돌을 부딪쳤습니다. 그러면 고기가 기절해서 물 위로 둥둥 떠오르고 저는 그 물고기를 얼른 낚아챘습니다. 이렇게 우리는 냇가에서 고기를 잡으며 신나게 놀았습니다.

하루는 학교에 갔다 집에 오는 길에 이상한 것을 보았습니다. 웬 아저씨가 긴 장화를 신고, 등에는 네모난 것을 하나 메고, 양손에는 막대기 같은 것을 가지고 물속에 넣었습니다. 그런데 놀랍게도 조금 있다가 고기가 둥둥 떠올랐습니다.

‘헉! 이게 뭐지?’

저는 매우 신기했습니다. 우리는 힘들게 고기를 잡는데, 이 아저씨는 장화 신고 등에 네모난 것 메고 양손에 든 막대기를 물속에 넣기만 하면 물고기가 다 올라오니 말입니다. 그런데 그 아저씨가 가고 난 자리에는 고기가 없어서 우리가 아무리 잡으려고 해도 잡을 수 없었습니다. 궁금해서 어른들께 여쭤보니 배터리로 고기를 잡는 것이라 하셨습니다.

동네 형들과 함께 모였습니다. 위기가 왔기 때문입니다. 이러다가 우리는 고기를 한 마리도 잡지 못할 것 같으니 어떻게 하면 좋을지 작전을 짜기로 했습니다. '배터리로 고기를 잡는 아저씨를 어떻게 하면 우리 동네에 못 오게 할 것인가?' 우선 각자 좋은 생각을 가지고 와서 얘기하기로 했습니다.

이틀 후 우리는 기원이 형 집에서 다시 모였습니다. 금강산도 식후경이라고 점심 때가 되자 기원이 형이 프라이팬에 김치볶음밥을 한 가득 해서 다 같이 맛있게 먹었습니다. 이제 배도 채웠으니 어떻게 할지 의견을 나누었습니다.

승수형은 "그 아저씨에게 우리 동네에 오시지 말라고 말하면 어떨까?", 기원이 형은 "그 아저씨가 고기 잡는 것을 우리가 방해하자", 다른 형은 "돌을 던지자", 또 다른 형은 "아저씨의 배터리를 빼앗자"라며 의견들을 제안했습니다. 그러나 결론은 없이 다들 이런저런 이야기만 했습니다. 딱히 좋은 생각이 떠오르지 않았습니다. 어찌하면 좋을까 고민에 고민을 계속했습니다.

그러던 중 우리는 큰 돌을 구하기로 했습니다. 아저씨가 다리 밑 냇가에서 고기를 잡을 때 그 큰 돌을 세게 던져서 사방으로 물이 튀게 하자고 했습니다. 우리는 열심히 큰 돌을 찾아 돌아다녔고, 마침내 큰 돌을 구했습니다. 그 후 시간이 되어 배터리로 고기 잡는 아저씨가 있는 곳으로 갔습니다.

냇가에 도착하니, 아니나 다를까, 아저씨는 고기를 잡으려고 긴 장화를 착용하시기 시작했습니다. 아저씨는 고기를 잡느라 정신이 없었습니다. 아저씨는 고기를 잡으시며 점점 다리 밑으로 내려오시고 있었습니다.

한 명씩 아저씨 주변을 기웃거리며 다리 밑 큰 돌을 숨겨놓은 곳까지 오시기를 기다렸습니다. 형이 아저씨 주변을 따라가면서 서로 눈을 마주 보고 준비하자는 사인을 주면, 우리는 큰 돌을 들키지 않게 준비해서 아저씨가 우리 사정거리 안에 들어오셨을 때 던지기로 했습니다.

아저씨가 점점 더 다가왔습니다. 우리는 모두 숨을 죽이고 긴장하고 있었습니다. 가슴이 얼마나 콩닥콩닥 뛰던지. 드디어 아저씨는 우리가 기다리고 있는 곳까지 이르렀습니다. 우리는 속으로 외쳤습니다.

'이제 다 되었다!'

마음을 단단히 먹고, 숨을 크게 한 번 쉬고, 모두가 사인을 주는 형을 바라보고 있는데, 사인을 주는 형이 손을 흔들었습니다. 그러자 우리는 함께 소리 지르며 큰 돌을 다리 밑으로 던졌습니다. 큰 돌이 물에 닿는 순간, 폭탄이 터지는 것 같은 소리가 들리며 물보라가 엄청나게 일어났습니다. 그러자 아저씨는 놀라서 "어…" 하시더니 물에 빠지셨습니다.

우리는 승리감으로 신이 났습니다. 매우 통쾌했습니다. 쾌재를 불렀습니다. 아저씨는 너무 놀라셨는지 정신이 없어 보였습니다. 하지만 잠시 후에 아저씨는 정신을 차리셨는지 우리에게 화를 내시며 잡으러 오셨습니다.

우리는 미리 어떻게 도망갈지 생각했기에 각자 붙잡히지 않게 도망을 갔습니다. 그러다가 우연히 우리 동네 이장님을 만났습니다. 아이들이 다들 죽기 살기로 뛰고 있으니 이장님은 무슨 일인가 싶어

우릴 부르셔서 무슨 일이냐며 물으셨습니다.

"배터리로 고기 잡는 아저씨를 우리가 혼내 줬어요. 그래서 붙잡히면
안 되니 도망가요."

우리는 이야기하며 계속 뛰었습니다. 그런데 우리를 쫓아오시던 배
터리 아저씨가 이장님께 딱 걸리셨습니다.

"이보시오. 남의 동네에서 뭐하는 거요? 고기도 적당히 잡아야지, 배터
리로 말이야… 당신 경찰서 갈까나? 난 이 동네 이장이야! 우리 아이들
건들지 마시오."

우리는 뛰다가 말고 배터리 아저씨와 이장님이 나누는 이야기를 들
었습니다. 이장님이 우리를 대변해서 말을 해 주시는데, 너무나 기
분이 좋았습니다. 우리는 그 이야기를 들으면서 키득키득 웃었습니
다. 그리고 이장님이 배터리 아저씨에게 다시 말했습니다.

"다시는 우리 동네에 얼씬도 하지 마시오. 우리 애들 건들면 가만 안 있
겠소."

이장님이 경고하시는데 너무 멋졌습니다. 역시 이장님은 슈퍼맨이었습니다.

"슈퍼맨~! 슈퍼맨~!"

고향에서 형들과 함께 놀던 기억 중에 제일 재미있었던 것은 바로 정월 대보름에 했던 쥐불놀이였습니다. 쥐불놀이를 하기 위해서는 일단 깡통을 잘 준비해야 합니다. 튼튼한 깡통을 구해야 쥐불놀이를 오래할 수 있기 때문입니다. 형들과 동네를 다니며 깡통을 구하고, 그 후에 못과 망치로 깡통에 구멍을 뚫습니다. 그래야 공기가 잘 들어가서 불이 잘 붙어 쥐불놀이를 할 때 불이 잘 타기 때문입니다.

그 외에도 쥐불놀이에 필요한 것은 솔가지, 솔방울, 무엇보다 제일 중요한 것은 마른 소똥입니다. 소똥이 있으면 모든 것이 만사 오케이였습니다. 소똥이 불에 붙으면 오래 가기에 이것만큼 좋은 것이 없었습니다. 그래서 우리는 정말 열심히 길가, 밭, 외양간에서 잘 마른 소똥을 구하기 위해 온갖 힘을 썼습니다.

모든 것을 준비하고 정월 대보름이 되면, 깡통에 긴 철사를 잘 꼬아서 튼튼하게 손잡이를 만듭니다. 먼저 윙윙 소리가 나도록 돌리며 테스트하고, 테스트가 끝나면 저녁에 솔가지와 솔방울, 그리고 화룡점정으로 소똥을 넣고 불을 붙인 후 열심히 돌립니다. 그러면 윙윙 소리와 함께 불이 활활 타오릅니다. 논에서 있는 힘껏 깡통을 돌리다가 손에서 깡통을 놓으면, 깡통은 높이 올랐다가 곡선을 그리며 땅에 떨어지는데 마치 폭죽이 터지는 것처럼 보입니다. 이 장면은 세월이 지나도 잊을 수가 없습니다. 너무너무 신나고 재미있었습니다.

그렇게 놀다가 한번은 깡통이 논 중앙 볏단을 쌓아 놓은 곳에 떨어져 불이 붙었습니다. 얼마나 크게 불이 났는지…. 마을 회관에서 노시던 어른들이 놀라서 전부 밖으로 다 나오셨습니다.

"야! 이놈들아! 볏단을 태우면 어떡하니! 누구야?"

우리는 모두 논에 바짝 엎드려서 들키지 않으려고 숨었습니다. 그렇지만 어른들은 다 알고 계셨습니다. 범인이 동네 아이들인지 뻔히 아시지 왜 모르시겠습니까. 어른들은 양동이로 물을 퍼 날라 간신히 불을 끄셨습니다.

우리는 정말 호되게 혼났습니다. 다시는 쥐불놀이를 논에서 하지 말자고 약속했습니다. 그렇게 그 사건은 간신히 마무리가 됐습니다.

예전에 시골에서는 마을 어느 일정한 곳에 상엿집을 만들어 그곳에 상여를 보관했습니다. 마을 회관에서 우리 집으로 가는 길에 상엿집이 있었습니다. 그곳을 지나갈 때면 낮에도 왠지 모를 이상한 기분이 들었습니다. 무섭기도 하고 찝찝하기도 했습니다.

'상엿집이 뭐길래 이렇게 무섭단 말인가!'

우리는 낮에 다시 한 번 상엿집에 들어가 보았습니다. 별거 아닌 것 같은 상엿집. 우린 겁쟁이가 되어 버렸습니다.

그러던 어느 날, 형들이 누가 담력이 좋은지 상엿집에 들어가서 하룻밤을 자고 나오자고 했습니다. 저는 너무 무서워서 하기 싫었습니다. 그런데 형들은 호기를 부렸습니다.

"뭐가 무섭냐! 귀신이 어디 있어!"

그러고는 도전해 보자고 했습니다. 그렇게 해서 우리는 모두 상엿집에 들어갔습니다. 하지만 시간이 지나면서 한 명씩 나오기 시작했습니다. 저도 너무 무서워 나오고 싶었습니다. 바로 그때 상엿집 안의 작은 창으로 달이 떠 있는 모습을 보았는데, 늑대 인간이 있는 것 같아 보였습니다. 심지어 동네 개들이 얼마나 짖어 대는지 저는 더욱 공포에 질렸습니다. 그러니 어땠겠습니까? 다들 잘 참다가 갑자기 너무 무서워져서 모두가 못 참고 뛰쳐나와 뛰기 시작했습니다. 그런데 그만 형 한 명이 소똥을 밟아서 넘어졌습니다. 하지만 그 형을 고려할 새도 없이 다들 죽어라 뛰었습니다.

"나도 데려가!"

소똥을 밟고 넘어진 형은 크게 소리쳤습니다. 그렇게 우리의 담력 테스트는 허무하게 끝나버렸습니다.

6. 개구쟁이

저는 호기심이 참 많았습니다. 하루는 쓰레기를 태우고 있는데, 문득 이런 생각이 들었습니다. '불구덩이에 다 쓴 부탄가스 빈 깡통을 넣으면 어떻게 될까?' 궁금한 마음에 빈 부탄가스 통을 불 속에 넣고 어떻게 되는지 숨죽이며 기다렸습니다. 그러나 시간이 제법 흘렀는데도 아무런 반응이 없었습니다.

'어라? 아무것도 아니네.'

그래서 불에 가까이 갔는데, 그만 '꽝!' 하고 부탄가스 통이 터졌고, 불이 갑자기 크게 일었습니다. 엄청난 높이였습니다. 저는 순간 놀라서 땅에 바짝 엎드렸습니다. 그런데 불이 제 머리에 붙었고, 제 머리는 홀라당 타버렸습니다.

"아! 내 머리!"

그런데 엄마는 제 머리를 보고 위로는커녕 화를 내시며 저를 혼내셨습니다.

"엄마 잘못했어. 그런데 내 머리 어떡해?"

그렇게 엄마를 보고 울었습니다. 엄마는 제 머리를 수건으로 싸서 비비며 그슬린 머리카락을 정리해 주셨습니다. 얼마나 많이 그슬렸는지 지금 생각해도 아찔합니다. 그렇게 또 한 번의 사고를 쳤습니다. 하지만 궁금한 것을 어떻게 하겠습니까?

저는 비 오는 날이 좋았습니다. 비가 많이 오는 날이면 우리 집 마당에서 비로 샤워를 했습니다. 지붕 물받이 수로관에서 내려오는 물이 제법 양도 많고 세차게 내려와서 마치 목욕탕 폭포수 물 같았습니다. 비누로 거품을 내고 노래를 하면서 비를 맞으며 샤워하면 세상이 전부 제 것인 양 신이 났습니다.

그렇게 샤워를 마치고 방에 누워 있으면 잠이 솔솔 옵니다. 조금 뒤척이다가 잠이 들면 저녁 무렵 엄마가 깨우십니다. 그럼 함께 저녁을 먹고 TV를 보다가 다시 잡니다. 비 오는 날이 좋은 이유가 바로 여기에 있습니다.

애들은 항상 모이면 '좀 더 재미난 일이 없을까? 뭘 할까?' 궁리합니다. 당시 기차가 안 다니는 옛 철길에 터널이 있었는데, 비가 많이 오면 어두운 그 철길 터널에 물이 가득 찼습니다. 큰 스티로폼을 구해서 그곳에서 친구들이랑 뱃놀이하며 신나게 놀다 보면 어느새 저녁이 되어 버립니다. 그러면 다들 부랴부랴 집으로 향하곤 했습니다. 늦게 집에 가면 엄마는 왜 이렇게 늦게 왔냐며 혼을 내시고 저는 놀다 보니 시간 가는 줄 몰랐다고 다시는 늦지 않겠다고 싹싹 빕니다. 그러면 그렇게 하루가 무사히 마무리됩니다.

한편 학교 근처와 집 근처에 부대가 있어서 저는 자주 군인 아저씨들을 볼 수 있었기 때문에 군인 아저씨들과 추억이 많습니다. 학교에 가려면 집에서부터 1시간가량 걸어야 했는데, 집 앞에 군부대를 지날 때 군대용 지프를 볼 때면 우리는 소리를 질렀습니다.

"아저씨! 우리 좀 태워 주세요!"

그러면 지프는 그냥 부웅 하고 휙 지나갔습니다. 그런데 아주 가끔 운이 좋을 때에는 계급이 높은 아저씨가 타셨는지 한 번씩 태워 주기도 했습니다. 그럼 집에서 학교 근처까지 편하게 등교할 수 있었습니다. 그런 날은 하루 종일 기분이 좋았습니다.

군부대의 담벼락 넘어 높은 곳에서 군인 아저씨들이 보초를 섭니다. 학교를 마치고 집에 오는 길에 군용 건빵이 먹고 싶으면 군인 아저씨들한테 소리칩니다.

"아저씨! 건빵 하나만 주세요~!"
"건빵 주면 뭐 줄래?"
"예쁜 사촌 누나 소개 시켜 줄게요! 건빵 하나 주세요!"

저는 건빵이 먹고 싶어 애가 탑니다. 그럼 어떤 아저씨는 이렇게 얄밉게 말합니다.

"나는 여자 친구가 있는데?"

"헤어지세요! 우리 사촌 누나가 더 예쁜데요! 나중에 후회할 거예요!"

저는 끝까지 건빵을 달라고 계속 애걸합니다. 건빵도 건빵이지만 건빵 안에 들어 있는 별사탕은 정말 맛있습니다. 그 맛을 알기에 건빵을 달라고 군인 아저씨들에게 그렇게 졸랐던 것입니다. 그러다 보니 학교에서 집에 오는 길에 군인 아저씨들한테 건빵 타령하는 것이 거의 제 일상이 되어 버렸습니다.

국군의 날이 되면 학교에서 군인 아저씨들에게 편지를 쓰는 시간이 있었는데, 저는 제가 아는 군인 아저씨에게 건빵 줘서 고맙다고 편지 쓰고 차를 태워줘서 고맙다고 편지를 써서 아저씨에게 주곤 했습니다. 어린 나이에도 건빵 값과 차를 태워 준 값을 해야 한다고 생각한 것 같습니다.

제가 국민학교 다닐 때는 반공 교육을 자주 받았습니다. 전쟁 영화도 보고 포스터도 만들어 발표했습니다. 제일 잘된 작품을 골라 교실 복도에 액자로 걸기도 했습니다. 그리고 북한에서 날아온 '삐라'를 주워 모아 파출소에 가지고 가면 공책, 자, 표창장도 받을 수 있었습니다. 그래서 몇몇 동네 아이들과 '삐라'에 꽂혀서 산을 다니며 '삐라' 줍기에 몰입했습니다. 얼마나 열심히 주우러 다녔는지 저녁이 되는지도 모를 정도였습니다.

다음 날, 방과 후에 파출소 문을 열고 들어가 경찰 아저씨에게 말했습니다.

"아저씨! 삐라 가지고 왔어요!"

아저씨는 우리가 삐라 주운 장소와 인적 사항을 물으셨고, 우리는 산에서 주었다고 말하며 어느 학교, 몇 학년, 몇 반, 이름을 말했습니다. 아저씨는 우리가 불러 주는 인적 사항을 다 적으신 후에 우리가 기다렸던 공책, 자 등을 선물로 주셨습니다. 그렇게 생애 처음으로 파출소에 가 봤습니다. 파출소에 갈 때는 무서웠는데, 막상 가 보니 무섭지 않았습니다. 그 후로 우리는 삐라를 열심히 주어서 제집 드나들 듯이 파출소를 다녔습니다.

어느 날인가는 삐라를 줍는 것도 재미가 없어서 다른 재미난 일이 없을까 고민했습니다. 그때쯤 학교에서 우유갑을 잘 말린 후 많이 가져오면 화장지를 준다고 했습니다. 우리는 '바로 이거다!' 하며 아이들을 모아서 난지도 쓰레기장으로 향했습니다. 자전거를 타고 난지도 쓰레기장으로 향하는데 입구에서부터 얼마나 냄새가 나는지 숨을 쉴 수가 없었습니다. 그렇지만 이대로 포기할 수 없어서 각자가 가져온 포대 자루에 우유갑을 꽉 채워 가기로 목표를 세우고 열심히 주웠습니다.

날이 점점 어두워져서 우리는 얼른 집으로 향했습니다. 포대 자루에 우유갑을 가득 싣고 집으로 가는데, 발걸음이 얼마나 가벼웠는지 콧노래가 저절로 나왔습니다. 집에 도착해서는 엄마에게 우유갑을 씻어서 말려 달라고 했습니다. 그런데 엄마는 화를 내시며 빗자루로 저를 때리려고 하셨습니다.

"아니, 엄마 왜 그래? 나는 학교에서 우유갑을 가져오라고 해서 주우러 간 것뿐인데⋯. 우리 집은 우유를 못 사 먹잖아. 그러니 주우러 다닌 건데, 왜 때리려고 해?"
"이놈아! 네 얼굴을 봐라. 그게 얼굴이냐? 몸에서 냄새가 역하게 나는데 코는 썩었니? 그 냄새도 못 맡고. 내가 너 때문에 못 산다. 정말.”

그러시며 빗자루를 들고 오시는데 저는 '걸음아, 나 살려라' 죽어라 도망갔습니다.

그렇습니다. 제가 정신없이 우유갑 줍느라 쓰레기장에서 몇 시간을 있었으니, 그 쓰레기 냄새가 제 몸에 밴 것입니다. 저는 그것을 전혀 몰랐습니다. 거울을 보니 정말 얼굴이 시커멓게 되어 있었습니다. 거지 중에 상거지가 따로 없었습니다. 당연히 냄새에 민감한 엄마가 저를 가만히 둘 리가 없었습니다.

“엄마! 다시는 우유갑 주우러 안 갈게. 잘못했어.”

저는 싹싹 빌었습니다. 그렇게 엄마를 진정시키고 씻은 후 저녁을 먹고 잠이 들었습니다. 하루가 정말 빠르게 흘러갔습니다. 돌아보면 저는 뭔가에 꽂히면 꼭 해내고 마는 것 같습니다.

하루는 학교에서 수영장에 간다고 준비물로 수영복과 수경을 가지고 오라고 했습니다. 엄마한테 준비물을 챙겨 달라고 해서 신나게 등교했습니다. 그날따라 학교 가는 길이, 학교 가는 발걸음이 정말 가벼웠습니다. 노래를 부르면서 신나게 등교하는데 친구들이 누가 빨리 달리나 내기하자고 했습니다. 목표 지점까지 빨리 도착한 사람에게 음료수를 사 주기로 했습니다.

"준비! 시작!"

모두 열심히 뛰었습니다. 얼마 뛰지 않아 제 앞에 가던 동네 동생을 제쳤는데 저는 그만 넘어지고 말았습니다.

"어, 안돼!"

저는 '퍽' 하고 넘어졌습니다. 일어서려고 하는데 아까 제가 제치고 간 동생이 갑자기 제 등 위로 덮쳤습니다. 그 찰나에 불길한 예감이 확 밀려왔습니다. 크게 다칠 것 같은 느낌! 역시나 언제나 그렇듯이 그 예감은 적중했습니다.

두 무릎은 다 까져서 욱신욱신하고, 앞니는 깨지고, 다른 이는 흔들리고, 입에서는 피가 철철 흘렀습니다. 너무 아픈 나머지 그 자리에서 대성통곡했습니다. 그 바람에 그렇게 기다렸던 수영장도 가지 못하게 되었는데, 그것은 저를 더 아프게 했습니다.

'내가 얼마나 이날을 기다렸는데…. 이런 말도 안 되는 사고가 나에게 왜 일어났단 말인가….'

그렇게 저는 울면서 집으로 향했습니다. 집에 도착해서는 엄마 앞에서 더 많이 울었습니다. 왜 넘어지게 되었는지 상황을 설명하고 엄마에게 제 앞니는 어떻게 하냐고 물었습니다. 엄마는 제 입과 앞니를 확인하시더니, 일단 후시딘을 발라 주시고 저를 진정시키셨습니다.

저녁때쯤 저를 다치게 한 동네 동생과 그 엄마가 우리 집에 찾아왔습니다. 그 엄마는 우리 엄마에게 사과하시며 죄송하다고 말씀했습니다. 그런데 엄마는 이렇게 말씀하셨습니다.

"애들끼리 그럴 수 있죠."

그러시고는 오히려 그 모자를 달래서 돌려보내셨습니다. 저는 엄마에게 물었습니다.

> "치료는 어떻게 해 준대?"
>
> "실수로 그런 것인데, 무슨 치료비를 내놓으라고 하니? 네가 나중에 커
>
> 서 돈 벌어 치료해."
>
> "엄마! 어떻게 엄마가 그럴 수 있어? 내가 이렇게 크게 다쳐서 아픈데,
>
> 우리 집에도 돈이 없어서 치료를 못 해 줄 텐데…. 엄마! 우리 엄마 맞
>
> 아?"

저는 엄마에게 화를 냈습니다. 그런데 엄마는 저를 설득시키셨을 뿐, 저를 다치게 한 그 동생과 그 엄마에게 치료비를 요구하시지는 않았습니다.

저는 얼마나 크게 다쳤는지 입이 벌어지지 않아 죽을 먹거나 부드러운 것만 먹어야 했습니다. 빵을 아주 작게 뜯어야만 간신히 먹을 수 있었습니다. 그렇게 거의 20여 일이 지나고 나서야 입술 근처에 있던 딱지가 떨어지면서 입을 크게 움직일 수 있었습니다.

그러나 깨진 앞니 때문에 웃을 때마다 보기 싫었습니다. 저는 그때

부터 크게 웃질 않았습니다. 크게 웃으면 깨진 이가 보였기 때문에 잘 웃지 않았습니다. 매우 창피했습니다. 저는 그 후로도 성인이 될 때까지 입을 열고 크게 웃지 않았고, 크게 웃을 일이 있으면 손으로 입을 가렸습니다. 비참한 생각이 들었습니다.

성인이 되어 앞니 치료를 하려고 치과에 갔습니다. 견적을 내는데 돈이 어마어마하게 나왔습니다.

'어렸을 때 했으면 적게 나올 것을…. 왜 엄마는 그때 나를 치료해 주지 않아서 돈도 없는 내가 카드로 12개월 할부 끊게 하는지….'

사고는 제가 쳐 놓고 이렇게 엄마를 원망하고 있었습니다.

7. 수련회

우리 교회가 자주 가던 기도원이 있었습니다. 문산에 위치한 얍복
강 기도원입니다. 중학생이 되면서 처음으로 화전역에서 기차를 타
고 얍복강 기도원으로 향했습니다. 교회를 떠나 기도원으로 수련회
를 가는 것이 신기했습니다.

저는 기차 안에서 친구들과 장난을 치며 놀고, 우리를 맡아 주실 새

로운 선생님도 만나고, 모든 것이 새로워져 기분이 매우 좋았습니다. 기차를 타고 1시간 조금 더 걸려 문산역에 도착했습니다. 그곳에서 버스를 타고 기도원 근처 정류장에서 내려 걸은 끝에 드디어 압복강 기도원에 도착했습니다. 도착하자마자 개회 예배를 드리고 게임을 했습니다. 형, 누나, 선생님들은 식사를 준비했습니다. 여기저기서 웃음소리가 흘러나왔습니다.

'이곳이 천국이구나!'

고기를 굽는데 연기가 주방에 가득했습니다. 학생들이 많아 고기 굽는 양이 많다 보니 거의 화생방 훈련 수준이었습니다.

저녁을 먹은 후 집회가 시작되어 찬양하고 말씀을 들었습니다. 이어서 선생님과 함께 밖으로 나가 산으로 올라갔습니다. 선생님은 갑자기 나무 하나씩 잡고 기도를 하라고 했습니다. 그런데 저는 기도가 나오지 않아 매우 힘들었습니다.

'아! 다들 열심히 기도하는데 난 무슨 기도를 해야 하지?'

그 순간 갑자기 선생님 한 분이 제게 오셔서는 크게 소리 내 기도하라고 말씀하셨습니다.

"선생님! 어떻게 기도해야 할지 모르겠어요."

저는 이렇게 말하고 싶었지만, 다들 너무나 열심히 기도하는 중이었고 선생님들도 바쁘게 돌아다니시면서 학생들 한 사람씩 붙잡고 기도해 주고 계셨기에 차마 그 말을 할 수는 없었습니다. 그렇게 시간은 흘러가고 있었습니다. 큰일이었습니다.

'어떻게 기도하지….'

두 눈을 감고 마음을 가다듬은 후 크게 숨을 들여 마시고 소리를 질러 '주여' 삼창을 했습니다.

"주여! 주여! 주여! 하나님, 우리 가정을 불쌍히 여겨 주시고, 우리 엄마, 아빠 사이 좋게 지내게 해 주시고, 저와 동생 신앙생활 잘하며, 무엇보다 아빠가 술을 끊게 하시고 엄마와 아빠가 우리와 함께 교회 다니게 해 주세요!"

간절히 기도하며 첫째 날을 마쳤습니다.

둘째 날 아침에 일어나 말씀 묵상하고 예배와 조별 프로그램을 하며 지내니 시간이 가는 줄 몰랐습니다. 저녁이 되어 집회가 시작되었습니다. 목사님은 말씀을 마치셨고, 오늘도 산에 올라가서 나무를 붙잡고 기도하라고 했습니다.

둘째 날이어서 그런지 기도가 술술 나오기 시작했습니다. 가족을 위해, 그리고 제 미래를 위해 기도했습니다.

> "하나님! 저도 나중에 커서 목사님과 전도사님들처럼 되고 싶어요! 저도 목사가 되게 해 주세요!"

저도 모르게 이런 기도를 했습니다. 서원을 한 것입니다.

열심히 기도하고 내려오니 숙소에서 놀고 싶은 사람은 놀고 자고 싶은 사람은 자라고 했습니다. 저는 형과 누나들 속에서 더 놀고 싶었습니다. 수련회의 하이라이트는 올나이트가 아니겠습니까! 자정이 넘어 새벽까지 놀다가 슬슬 장난기가 발동한 성우 형은 누나들과 함께 자는 아이들의 얼굴에 매직으로 그림을 그리기 시작했습니다. 얼굴에 얼마나 낙서를 했는지 나중에 지워지지 않을 것 같았습니다. 그 모습을 보며 절대 자지 말아야지 하면서 버티고 버텼습니다. 하지만 아침에 일어나니 제 얼굴에는 검은 매직 자국이 선명했습니다.

'아! 나는 망했다. 이 얼굴을 하고 어떻게 기차를 타고 집에 가지?'

깊은 한숨이 절로 나왔습니다. 세수를 하고 또 해도, 몇 번이나 반복해도 지워지지 않았습니다.

'어떡하지. 엄마한테 혼날 텐데….'

이 생각뿐이었습니다. 수련회 와서 좋은 기분을 다 망쳐 버렸습니다. 아무리 씻어도 지워지지 않는 낙서를 그냥 운명으로 받아들이고 집에 왔습니다. 집에 오니 역시나 엄마가 한소리하십니다.

"아니! 너 수련회 가서 뭐했길래 얼굴이 그 모양이냐?"
"몰라. 자고 일어났는데 이렇게 당했어."

그러고는 너무 신경을 많이 써서 그런지 피곤해서 잠이 들어 버렸습니다. 제 인생의 첫 수련회는 그렇게 좋은 추억과 나쁜 추억을 동시에 남겨 주고 끝났습니다.

수련회를 다녀오고 난 다음 마음이 계속 뜨거워졌습니다. 아동부서와 다르게 중고등부는 토요일에도 예배가 있고 찬양 팀 연습에 찬양대 연습도 있었습니다. 우리 동기들은 아동부에서 찬양대를 했기에 중고등부 가서는 안 하겠다고 다짐하곤 했습니다. 연습을 위해서는 일찍 와야 했기 때문입니다.

'설마 막 올라온 우리를 시킬까?'

만약 시킨다면 다음에 한다고 이야기를 하자고 말을 맞췄습니다. 그런데 총무 형이 와서 말했습니다.

"너희들 아동부에서 찬양대 했었다며? 그러니 중고등부에서도 해야한다. 알았지?"

"이제 막 올라왔는데 조금 있다가 하면 안 돼요?"

우리가 건의했지만, 말이 통하지 않았습니다. 우리는 머리를 썼습니다. 찬양대 연습을 자꾸 빠지면 안 시키겠지 생각하고 일단은 알겠다고 대답해 놓고 무단으로 연습을 빼먹었습니다. 연습을 빼먹고 우리는 놀러 다녔습니다.

그때부터 비극이 시작되었습니다. 총무 형이 우리 남자들을 컴컴한 지하로 불렀습니다. 그곳은 소리를 질러도 밖으로 소리가 나가지 않는 곳이었습니다. 느낌이 이상했습니다. '왜 여기로 오라는 것이지?' 하며 우리는 지하로 내려갔습니다. 아니나 다를까 형은 봉 걸레 자루를 준비해 놓고 있었습니다.

　　"엎드려뻗쳐!"
　　'아‥, 우린 죽었구나!'

어쩔 수 없이 우린 엎드려뻗쳤습니다. 그 후 엎드려뻗친 상태에서 봉 걸레 자루로 맞았습니다. 우리는 형에게 잘못했다고 다시는 찬양대 연습 안 빠지고 열심히 하겠다고 눈물을 흘리며 약속했습니다.

그렇게 우리는 찬양대를 하게 되었습니다. 아침에 일찍 교회에 와서 입례송과 묵도송, 기도송을 연습하고 그날 부를 곡을 연습하면 시간이 참 빠르게 흘러갔습니다. '버티지 말고 그냥 하라고 할 때 할걸…. 괜히 개기다가 맞기만 하고. 어차피 해야 하는 운명이었는 데…'라며 우린 모든 것을 받아들이고 열심히 찬양했습니다. 지금 은 상상할 수 없는 일이지만 그 당시에는 가능했습니다.

그래도 그때가 좋았습니다. 찬양하면서 발성법을 배웠고 찬양 덕분에 늘 제 안에 즐거움이 있었습니다. 찬양하면서 하나님을 더 찬양하는 법을 알았기 때문입니다. 첫 동계 수련회부터 찬양대까지 그렇게 중1 새해를 맞이했습니다. 모든 것이 새로워 낯설기도 했지만 기대도 컸습니다.

저는 조금씩 하나님을 알아가며 신앙의 뿌리도 잘 내리기 시작했고, 형, 누나들과 친구들이 시키는 대로 잘하면 아무런 문제가 없이 잘 지낼 수 있을 거라는 생각을 했습니다. 모든 것이 평화로웠습니다.

토요일만 되면 교회 가는 것이 제일 기쁘고 행복했습니다. 교회에 도착해서 성가대 연습을 위하여 목을 풀었고 주일에 부를 곡을 파트 별로 연습했고 그다음 전체가 모여서 연습하고 마쳤습니다. 성가대 연습을 마치고 나면 형, 누나들은 찬양 연습을 했고, 저와 친구들은 2층에서 탁구를 치고 놀았습니다. 모든 연습이 끝나면 간식이 나왔습니다. 연습을 마치고 먹는 간식은 정말이지 꿀맛이었습니다. 그때만 하더라도 우리가 놀 만한 곳이 별로 없었습니다. 교회가 유일한 놀이터이며 인생을 배우는 곳이었습니다.

주일학교를 졸업하고 중고등부가 되면서 아쉬웠던 것은 교회 차를 못 타는 것이었습니다. 아동부만 탈 수 있었기 때문입니다. 예배 시간이 다르니 당연했습니다. 하지만 교회 차를 못 탄다는 것은 그만큼 어른으로 성장한다는 의미이기도 해서 한편으로는 뿌듯하기도 했습니다.

중고등부에는 자발적인 행사가 많았습니다. 사랑의 종소리, 수련회, 심방, 찬양 팀 연습, 성가대 연습 등등 다양한 행사와 프로그램이 있었습니다. 우리 반은 좀 무서운 선생님이 맡았습니다. 그래서 장난을 치는 것 등 뭐든지 자유롭지 못했습니다. 중 1인인 우리는 인원이 많아서 남·여로 반을 나누어 공부했습니다. 그 당시 교회학교 부흥의 마지막 세대인 우리 때는 교회에 어른들보다 학생들이 더 많았습니다. 지금과는 분위기가 많이 달랐습니다.

우리의 공과 시간은 늘 교회 봉고차 안에서 했습니다. 여름에는 옆문을 활짝 열어 놓고 공부했습니다. 하루는 우리 반 선생님이랑 아동부 우리 동생 반 선생님이 사귄다는 말에 모두가 '헉!' 하며 여자 선생님이 너무 아깝다고 생각했습니다. 그러다가 정말 사귀는 것을 모두 알게 되면서, 다들 여자 선생님을 말리며 말했습니다.

"선생님! 다시 생각해 보세요. 이것은 아닌 것 같아요."

그러다 이 소문을 들은 우리 반 선생님이 갑자기 봉고차에 들어와 문을 닫더니 공과 책을 세로로 세워서 우리 이마를 향하여 내리 꽂는데, 도망갈 곳도 없고 꼼짝없이 잡혀서 이마에 엄청난 타격을 받고 말았습니다. 얼마나 아프던지 눈물이 나왔습니다. 우리는 이런 폭력적인 선생님과 그 천사 같은 여자 선생님이 왜 만나는지 도저히 이해가 안 갔습니다.

그 당시 우리는 우리 반 선생님께 그런 말을 자주 해서 봉고차에서 꿀밤과 함께 공과 책으로 이마를 가격당하며 고군분투했습니다. 하지만 그럴수록 오히려 역효과가 났고 우린 두 선생님의 연인 사이를 인정해야 했습니다. 안 그러면 우리 이마가 남아나지 않겠다는 것을 우리가 모두 인지했기 때문입니다. 그래서 우린 더 이상 선생님을 놀리지 않기로 했습니다.

그런데 알고 보니 교회 안에 교회 커플이 상당히 많았습니다. 일명 CC 커플은 우리 교회의 특징이었던 것 같습니다. CC 커플은 교회에 소문이 빠르게 나니까 아무도 모르게 만나서 어느 순간 결혼한다고 선포했습니다. 그러다 보니 교회에서는 자연스레 청년부는 교회 안에서 짝을 찾는다고 생각했습니다.

그것을 보고 교회 생활을 열심히 한 우리는, 우리도 당연히 그렇게 해야 한다고 생각했습니다. 그것이 우리 교회의 전통이라고 말입니다. 그래서 민교도 기대를 좀 했습니다.

"나는 어떤 여자와 사귀어서 결혼할까?"

혼자서 많은 생각을 하며 기대 반 설렘 반으로 보냈던 날들도 있었습니다.

8. 엄마! 엄마! 엄마!

하나님께서 우리 가정을 보살펴 주시기를, 아버지가 술을 안 마시
고 교회를 다니시기를, 그리고 엄마의 오랜 지병이 치료되길 바랐
습니다. 이 소망을 어떻게 하면 이룰 수 있을지 고민하다가 '교회를
열심히 다니면 하나님께서 나를 어여삐 여겨 주셔서 내 모든 기도
제목을 다 들어 주시겠지'라는 간절함으로 교회를 다녔습니다. 그
리고 아동부 예배 때나 중고등부 예배를 드릴 때마다 듣는 말씀 중

에 기억에 남는 것은 하나님은 무소부재(無所不在)하시고 전능하신 분이라서 우리의 모든 필요를 아시고 우리 기도를 듣고 계셔서 다 들어주신다는 이야기였기에 그렇다면 하나님을 열심히 믿어야겠다는 생각으로 제 모든 것을 걸었습니다.

또한 저는 신앙생활을 잘할 뿐만 아니라 학교에서도 열심히 공부하는 모범생이 되려고 애를 썼습니다. 중학교에 가서도 열심히 공부했습니다. 학원을 갈 수 없는 형편이라 수업 시간에 늘 집중해야 했습니다. 시험을 잘 쳐서 엄마를 기쁘게 해 드리고 싶었고, 시험을 잘 치면 아빠도 술을 조금만 드실 것 같아서 열심히 공부했습니다. 하지만 참 쉽지 않았습니다. 그럼에도 학생이니 당연히 공부를 열심히 할 뿐이었습니다.

제게는 촉이 좀 있습니다. 학교에 가기 싫은 날이 간혹 있었습니다. 그런 날은 학교에 가지 말아야 했습니다. 이런 촉이 오는 날이면 집에 무슨 일이 생겼기 때문입니다. 아빠는 점심때 항상 집에 와서 점심 얼른 먹고 낮잠을 잠시 자고 공장으로 가셨습니다. 그렇기에 점심때가 되면 엄마는 아빠의 점심을 준비한다고 늘 분주하셨습니다. 그런데 어느 날, 학교에 안 가고 싶어서 핑계를 대고 안 갔는데, 바로 그날 별것도 아닌 일에 아빠와 엄마가 다투셨습니다. 게다가 싸워도 보통 크게 싸우시는 것이 아니었습니다. 밥상을 들어 엎고 욕을 하면서 싸우시는 데 정말 무서웠습니다. 제가 있어 망정이었지 만약에 저마저 없었다면 엄마는 아빠한테 맞았을 것 같았습니다. 싸움을 말리며 저는 울었습니다. 별것도 아닌 일에 낮에 이렇게 크게 싸우냐고, 나 보고 배우라고 하는 것이냐고, 제발 이렇게 싸우지 좀 말라고, 괴로워 못 살겠다고, 차라리 내가 죽을 것이라고 하면서 밖으로 나가자 싸움이 종료되었습니다.

우리 집은 왜 이렇게 싸워야 하는지…. 정말 이해할 수 없었습니다. 도대체 왜 이런 일이 제게 일어나는지 미치도록 서글프고 괴로웠습니다. 그렇게 정리가 된 후 아빠는 공장으로 가셨고 엄마와 저는 상을 치운 후 함께 끌어안고 울었습니다.

너무나 마음이 아프고 힘들었습니다. 할 수 있는 것이 하나도 없다는 것에 좌절이 되고 마음이 무거웠습니다. 하지만 엄마는 늘 "아들! 괜찮아"라고 말씀하시며 저를 다독이셨습니다. 엄마의 마음이 전해져 오니 더욱더 슬펐습니다.

우리 엄마는 세상에서 제일 착했습니다. 엄마는 제게 늘 예의 있게, 그리고 바르고 정직하게 살아야 한다고 말씀하셨습니다. 사람이 사람에게 함부로 하면 안 된다고, 사람 위에 사람 없고 사람 밑에 사람 없다고 말씀하셨습니다. 또한 남에게 피해 주는 것을 매우 싫어하셨습니다.

그런 우리 엄마인데 엄마의 눈에 눈물 마를 날이 없다는 것이 제게는 한이었습니다. 우리 엄마의 한을 풀어 주고 싶은데 아무리 노력을 해도 되지 않아서 그것이 제일 힘들었습니다. 아무것도 모르는 동생은 그저 천진난만했습니다. 엄마의 슬픔이 제 슬픔이었고, 엄마의 기쁨이 제 기쁨이었습니다. 그렇게 힘든 하루가 지나갔습니다.

저녁을 먹고 드라마를 보는데 어떤 드라마인지 기억은 잘 안 나지만, 아내와 사별한 홀아비가 아이들을 키우면서도 아이들을 거의 돌보지 않고, 술을 먹고 문제만 일으키는 상황의 드라마였습니다. 그 드라마를 보는데 엄마가 이런 말씀을 했습니다.

"엄마가 죽으면 너희도 저 꼴이 날 거야. 이제 엄마는 얼마 안 남았어. 있을 때 말 잘 들어라."

"엄마! 엄마가 왜 죽어! 그리고 나는 엄마랑 같이 오래 살 거야! 그리고 엄마 죽게 절대로 안 놔 둬!"

하지만 뭔가 느낌이 별로 좋지 않았습니다. 그래도 그동안 잘 참고 견뎌왔는데 '별일이 있겠어!' 하며 마음속으로 기도했습니다.

'하나님! 우리 가정이 너무나 힘들고 어렵습니다. 엄마가 저렇게 죽을 생각만 하고 너무 힘들어하고 있습니다. 하나님! 제발 저희 가정을 지켜 주세요. 아빠가 술 안 먹고 엄마와 사이 좋게 살게 해 주세요. 하나님은 전지전능하시잖아요!'

정말 간절히 기도했습니다.

아침이 밝았습니다. 학교 갈 준비를 하고 학교 가기 전에 엄마에게 말했습니다.

"학교 끝나면 빨리 올게. 어디 가지 말고 집에 있어 엄마!"

학교 공부를 마치자마자 집에 왔습니다. 다행히 엄마는 저를 기다리며 집에 계셨습니다. 저는 학교에서 공부한 이야기, 친구들과 나눈 이야기를 하며 엄마를 즐겁게 해 주었습니다. 그러면서 엄마의 기분을 살폈습니다. 기분이 많이 풀린 것 같았습니다. '이렇게 한 고비를 넘기는구나' 하며 안도의 한숨을 쉬었습니다.

참으로 인생은 쉽지 않다는 것을 배웠습니다. 아직까지는 하나님께서 제 기도를 들어주시지 않았습니다. '언제쯤 나의 기도는 이루어질 것인가? 내가 할 수 있는 것이 없구나.' 저는 기다려야만 했습니다.

하나님께서 정말 살아 계시다는 증거를 기도의 응답으로 생각하며 매일매일 기도했는데, 제 마음속에는 항상 두 가지 생각이 있었습니다. 하나는 하나님께서 정말 제 기도를 들어주셔서 아빠가 술을 끊은 후 가정적인 사람이 되고, 엄마의 병도 완치되어 가정이 화목을 이루는 것이었습니다. 다른 하나는 '내 모든 기도를 들어주시지 않을 때 나는 어떻게 해야 하나?' 하는 기대와 걱정이었습니다. 그 둘 사이에서 저는 늘 조마조마했습니다.

하루는 학교를 마치고 오는데 집 안에서 달콤한 포도 냄새가 진동했습니다.

'아, 엄마가 나를 위하여 포도 잼을 만드시는 중이구나.'

너무 기분이 좋았습니다. 우리는 집이 가난해서 제가 좋아하는 포도를 자주 사 먹지 못했습니다. 그래서 상품 가치가 떨어진 포도를 싸게 사서 그것으로 포도잼을 만들어 먹곤 했습니다. 엄마가 저를 위하여 해 주시던 것이었습니다. 고기도 자주 사 먹을 수 없는 형편이라 닭발을 많이 사 와서 양념을 넣고 한 솥 만들어 주시면 그것이 맛있다고 쪽쪽 빨아먹기도 했습니다. 지금 생각하면 서글픈 추억이지만 그때는 그것이 참 좋았습니다. 그렇게 엄마와 좋은 추억이 참 많았습니다.

무더운 여름을 지나 가을로 가던 즈음의 어느 날이었습니다. 그날 따라 학교에 가기 싫었습니다. 촉이 온 날이었습니다. 그래서 엄마에게 학교 가기 싫다고 말을 했습니다. 하지만 이상하게도 그날은 통하지 않았습니다.

"아들! 학교 갔다 와야지. 엄마한테 별일 없을 테니 꼭 학교 갔다 와."

그 말씀에 저는 어쩔 수 없이 학교에 갔습니다. 학교에서 수업을 듣는 내내 마음이 편치 않았습니다. 빨리 집에 가고 싶은 마음뿐이었습니다. 저는 수업이 끝나자마자 집으로 달려갔습니다. 학교에서 집까지는 최소 30분 이상 걸어야 했는데, 엄마에게 빨리 가고 싶어서 뛰었습니다. 숨이 목까지 차올랐습니다.

그렇게 열심히 뛰어 집에 도착했는데, 우리 집 주변에 사람들이 모여 웅성거리고 있었습니다. 무슨 일인가 싶어 대문 쪽으로 가는데 이웃 아주머니가 제게 말했습니다.

> "민교야, 큰일 났다. 엄마가 독립문 ∞병원 응급실에 실려 갔다. 얼른 병원으로 가 봐라."

믿을 수 없었습니다. 그 말이 믿어지지 않아 방으로 들어가려 하는데 아주머니가 다시 말했습니다.

> "엄마가 피를 많이 쏟아서 방에 피가 너무 많아. 들어가지 말고 얼른 병원으로 가 봐."

그 말씀도 믿어지지 않았습니다. 그래서 아주머니의 반대에도 불구하고 방에 들어가 보았습니다. 그제서야 현실을 자각했습니다. 아주머니 말씀대로 방에는 피가 흥건했습니다. 엄마가 얼마나 피를 많이 쏟으셨는지 방바닥이 빨갛게 되어 있었습니다. 요강에도 피가 흥건하고 방바닥에도 그렇고…. 도대체 누가 엄마를 이렇게 만들었나 하며 울면서 밖으로 나오는데 주변에서 하는 말이 들렸습니다.

아빠가 점심 먹으러 집에 왔다가 싸움이 나고, 그 뒤 아빠가 공장으로 간 사이에 엄마는 분을 못 이겨 화장실 옆에 있던 제초제를 홧김에 먹었다는 것이었습니다. 이 말을 듣는데 너무나 어이가 없었고 화가 났습니다.

저는 얼른 동생과 함께 버스를 타고 엄마가 계신 병원으로 향했습니다. 병원에 도착해서 중환자실로 갔습니다. 중환자실 입구에는 아빠가 계셨습니다. 저는 아빠를 보자마자 대성통곡을 했습니다.

"아빠! 엄마는! 엄마는!"

병원이 떠나가도록 울었습니다. 하염없이 눈물이 나는데 어떻게 해야 할지 전혀 몰랐습니다. 너무나 비참하고, 속상하고, 억울했습니다.

'왜 하필 우리 집에 이런 일이…. 왜 많고 많은 집 중에 우리 집이….'

괴로워서, 서러워서 크게 울었습니다. 얼마나 울었는지 모릅니다.
몇 시간을 그렇게 크게 울었더니 지쳤습니다. 저도 죽을 것 같았습
니다. 아니, 차라리 죽었으면 좋겠다고 생각했습니다. '살아서 뭐하
지? 나는 왜 이런 상황을 맞이해야 하나' 하며 눈물을 흘렸습니다.

'하나님께 그렇게 기도하며 매달렸는데 하나님은 뭐하시는 분이기에
나에게 왜 이런 결과가 나타났는가? 내 기도가 부족했나? 내가 예배를
잘못 드렸나? 내가 뭘 잘못했으면 나에게 벌을 내리시지 왜 하필 엄마
란 말인가?'

정말 괴로웠습니다. 그렇게 시간이 흘러 엄마를 볼 수 있는 면회 시
간이 되었습니다. 엄마는 의식이 전혀 없었습니다. 입에 호스를 끼
고 호흡기도 달고 계셨습니다. 엄마의 입 주변이 검게 타 있었습니
다. 또한 물을 마실 수도 없어서 하얀 거즈에 물을 축여서 엄마 입
에 올려놓았는데, 그러면 거즈가 머금고 있던 물방울이 엄마의 입

으로 들어갔습니다. 그런 엄마의 모습을 보는데 정말 가슴이 터질 것 같았습니다. 병원에 도착하자마자 위를 청소했음에도 먹은 제초제의 양이 생각보다 많아서 의사는 쉽지 않다고 말했습니다. 너무 속상하고 마음이 무너져 버렸습니다. 복도에서 울면서 계속 기도했습니다.

'하나님, 정말 마지막으로 부탁할게요! 하나님! 우리 엄마 살려 주세요. 다른 것 바라지 않을게요. 우리 엄마 좀 살려 주세요. 우리 엄마 불쌍한 거 하나님이 아시잖아요. 내가 커서 효도할 수 있게 제발 살려 주세요. 살려 주셔야 해요.'

저는 정신을 차리려고 애를 썼습니다.

'포기하지 말자!'

14살인 제가 감당하기에는 너무나 큰 사건이었지만 그래도 제 자신을 다독거렸습니다. 희망이 있다고 생각했습니다. 아직 엄마가 돌아가신 것이 아니었기에….

9. 엄마… 안녕…

엄마가 정신이 돌아오길 바라며 중환자실 복도에서 안절부절못하며 기도하고 있었습니다. 아무것도 모르는 동생에게는 엄마의 이런 상황을 차마 알릴 수 없었습니다. 당시 동생은 국민학교 4학년이었는데, 이 사실을 알면 충격이 클 것 같아 엄마 몸이 좋지 않아서 그런 거니 곧 깨어날 것이라고 말했습니다.

시간이 흘러 저녁쯤 되니 친가 친척들, 외가 친척들이 모였습니다. 누구 하나 말문을 열지 않았습니다. 외가 친척들은 우리 형제를 보지도 않았습니다. 뭔가 분위기가 심상치 않음을 알 수 있었습니다. 하지만 지금은 엄마가 깨어나는 것이 우선이기에 거기에 집중했습니다.

아빠가 매우 힘드셨는지 저 멀리 복도에서 흐느끼시기 시작했습니다. 그 울음소리가 제게도 들려왔습니다. 너무나 서글프고 안쓰러운 울음소리였습니다. 그렇지만 저도 매우 힘들었기에 아빠에게 갈 수 없었습니다. 게다가 이 모든 사건의 발단은 아빠이기에 아빠가 원망스러웠고 아빠가 책임을 져야 한다고 생각했습니다.

만약 하나님께서 아빠와 엄마 중에 누구를 살려 줄까 물으신다면 저는 엄마를 살려 달라고 말했을 것입니다. 그만큼 엄마가 제게는 늘 안타깝고 서글픈 사람이었습니다.

'엄마가 아빠를 만나서 결혼하지 말고 다른 사람과 결혼했으면 이런 상황이 왔을까? 엄마가 지금보다는 더 행복한 생활을 하고 있지 않을까? 괜히 아빠를 만나서 고생하며 사는 것은 아닐까?'

밤은 점점 깊어져 갔습니다. 그날따라 밤이 정말 길었습니다. 날이 밝으면 엄마가 깨어날 것이라는 희망을 가지고 중환자실 문 앞 의자에 앉아서 계속 기도했습니다. 그러다가 지치면 자다 깨기를 여러 번 반복하다 보니 아침이 밝아 왔습니다.

면회 시간이 되어 엄마에게 갔습니다. 엄마를 보는 순간 눈물이 왈칵 쏟아졌습니다. 여전히 호흡기를 끼고 계셨고 물도 못 삼킬 만큼 심각한 상태여서 거즈에 물을 축여서 입에 대 주어야 하는 상황. 이 고통의 시간을 엄마가 잘 이겨 내시길 바라는 것밖에 할 수 없었습니다. 제게는 엄마가 우리를 절대 떠나시지 않을 거라는 믿음이 있었기에 더욱 간절하게 하나님께 매달렸습니다.

학교에 전화를 했습니다. 엄마가 위독한 상황이라 당분간 학교에 갈 수 없을 것 같다고 저와 동생의 담임 선생님께 말씀을 드렸습니다. 통화를 마쳤는데 식당에 가서 밥을 먹자고 하셨습니다. 저는 안 먹겠다고 말했습니다. 밥 먹으러 간 사이 엄마가 깨어나면 보러 가야 하고 만약 잘못되면 엄마 옆에 있어야 하니 못 간다고 말을 했습니다.

하지만 어른들은 억지로 저와 동생을 데리고 식당으로 갔습니다.

밥을 시켜서 먹는데 아무런 맛을 느낄 수가 없었습니다. 밥이 목구멍으로 넘어가질 않았습니다. '엄마는 물도 마음대로 못 삼키는데 내가 밥을 먹는게 말이 되나' 싶어서 도저히 밥을 먹을 수 없었습니다. 저는 그냥 울면서 밖으로 나왔습니다.

한편 저도 저지만 아빠가 걱정되기도 했습니다. 이 모든 일이 아빠 때문에 벌어진 것이라고 생각했지만, 아빠도 얼마나 마음이 힘들고 아플까 하는 생각도 들었습니다. 모든 비난의 화살이 아빠에게 돌아가고 있었기에 아빠가 참으로 힘든 시간을 보내고 계신 것을 비록 어렸지만 저는 느끼고 있었습니다. 아빠는 밥도 물 한 모금도 제대로 드시지 못하고 중환자실 앞에 서서 면회 시간만을 기다리며서 계셨습니다.

다시 면회 시간이 되어 우리는 엄마에게로 갔습니다. 상태는 그대로였습니다. 면회 시간은 얼마나 짧은지. 아쉬움을 뒤로한 채 나와야 했습니다. 고모가 박스를 구해 와서 복도에 박스를 깔고 누워 잠이 들었습니다. 그렇게 며칠이 지났습니다.

얼마 뒤 큰아빠에게서 절망적인 소리를 들었습니다. 엄마가 많이 위독하고 산소 호흡기를 빼면 바로 돌아가시게 된다는 청천벽력 같은 소식. 그 이야기를 듣고 어떻게 말을 해야 할지 몰랐습니다. 큰아빠에게 부탁했습니다. 엄마의 산소 호흡기를 빼지 말아 달라고…. 간절했습니다. 그러자 큰아빠는 알겠다고 말씀하시며 걱정하지 말라고 했습니다. 마음이 너무나 괴로웠습니다. 어디에 말을 해야 할지 어떻게 해야 할지 순간 바보가 된 것 같았습니다.

누가 우리 교회에 전화했는지 담임 목사님이 면회 시간에 맞춰서 심방을 오셨습니다. 중환자실에 들어가신 목사님은 엄마를 위하여 간절히 기도해 주셨습니다. 목사님의 기도에 우리 엄마가 회복되기를 바랐습니다. 목사님은 우리를 위로해 주셨습니다. 하지만 기적은 일어나지 않았습니다. 열흘 뒤쯤 엄마는 우리를 두고 세상을 떠나셨습니다. 정말 미치도록 화가 났고 슬펐습니다. 슬픔도 슬픔이었지만 엄마에 대한 배신감이 너무 컸습니다.

'아무리 화가 나고 슬퍼도 그렇지. 우리를 생각해서 그런 행동을 하지 말아야지. 이렇게 우리를 남겨 두고 가면 어떡해 엄마!'

아빠는 결국 기절하시고 말았습니다. 아빠는 정신을 잃고 응급실에 실려 가셨습니다. 이러다가 아빠까지 어떻게 되는 것 아닌가 하는 무서움이 찾아왔습니다. 왜 제게 이런 일들이 닥치는지 도저히 알 수 없었습니다. 이해도 되지 않았습니다. 거기에 엎친 데 덮친 격, 외삼촌은 엄마 상을 다 치르고 나면 우리는 남남이니 더 이상 외갓집을 찾아오지 말라고 하셨습니다. 엄마를 잃은 것도 서러운데, 외갓집과는 이제 남남이라는 말도 들어야 하니 너무나 큰 상처였습니다.

그렇게 저는 한꺼번에 많은 것을 잃었습니다. 상처가 너무나 커서 어떻게 해야 할지 모르는 상황이었습니다. 아빠는 간신히 정신을 차렸지만, 온전한 정신이 아니었습니다. 정신이 반은 나가 있는 상태였습니다. 이런 상황에서 저라도 정신을 차리자고 마음을 먹었습니다. 제게는 어린 동생이 있으니 제가 무너지면 안 된다며 마음을 다잡았습니다.

마음을 다잡고 장례 절차를 진행하면서 큰아빠에게 엄마가 교회를 다녔으니 교회 식으로 장례식을 하면 좋겠다고 말씀을 드렸습니다. 큰아빠는 제가 하자는 대로 하자고 말씀하셨습니다. 그래서 교회에 연락했고, 엄마의 장례식을 치렀습니다. 교회에서 목사님과 많은 성도님들이 오셨습니다. 함께 예배하면서 제 슬픈 마음을 달래 보려고 애를 많이 썼습니다. 하지만 마음이 너무나 공허했고, 하나님이 원망스러웠고, 모든 것이 다 싫었습니다.

장례식을 치르며 제게 엄마를 매장할지 화장할지 의견을 물어 왔습니다. 저는 공동묘지에 매장할 것을 원했습니다. 하지만 목사님은 화장장을 하는 것이 어떠냐고 제안하셨습니다. 목사님은 제게 성경 구절을 보여 주시면서 예수님께서 재림하실 때 무덤에서 나와 부활한다고 말씀하시며 엄마를 화장해도 엄마는 예전 모습 그대로 부활할 테니 아무런 문제가 없다고 저를 설득하셨습니다.

> "민교야, 엄마가 임종하기 전에 잠시 의식이 돌아왔는데, 그때 목사님이 엄마를 회개시켰어. 그러니 걱정하지 말아라. 엄마는 천국에 있으니 괜찮아."

그래도 저는 엄마가 뜨거운 가마 속에서 타들어 가는 것이 너무 보기 싫었습니다.

> "민교야, 어젯밤에 꿈을 꿨는데 엄마가 하얀 옷을 입고 예수님 옆에 있는 꿈을 꿨다."

옆에 있는 이모가 말씀하시며 목사님이 하자는 대로 하자고 하셨습니다. 저는 결국 설득당했고, 그렇게 엄마의 모든 장례 절차를 마무리하고 벽제 화장터로 갔습니다. 엄마가 가마에 들어가시는 것을 보는데, 도저히 믿어지지 않았습니다.

"엄마! 엄마! 엄마!"

엄마를 부르며 통곡했습니다. 가마에 들어가신 지 반나절이 지났을까. 엄마는 하얀 뼈가 되어 나왔는데, 여전히 믿어지지 않았습니다. 그때 엄마 유골에서 빨간 표시를 보고 나서야 이것이 실제임을 자각했습니다. 엄마가 얼마 전 쓰러져 머리를 다치셨는데, 그때 상처 부위에 빨간약을 발랐었고, 그 상처 부위가 빨갛게 보였던 것입니다.

'이젠 다시 엄마를 볼 수 없구나….'

모든 장례를 마치고 집에 와서 쉬는데 엄마가 없는 텅 빈 집은 그 무엇으로도 채워지지 않았습니다.

'앞으로 엄마 없이 어떻게 살아가지. 나는 어떻게 살아야 하지. 아빠와

동생, 우리 셋은 과연 잘 살 수 있을까. 꿈이었으면 좋겠다. 그럼 잠에서
깨면 되니까.'

하지만 그것은 꿈이 아니었습니다. 현실이었습니다. 아침에 일어났
는데 엄마가 계시지 않았습니다. 세상에 저 혼자 버려진 느낌이었
고 엄마가 저를 배신한 것 같아 매우 속상했습니다. 너무나 비통하
고 슬픔이 계속 몰려왔습니다. 아빠는 기운이 없어 보였습니다. 아
빠를 바라보는 저도 매우 힘들었습니다. 그리고 하나님에 대한 원
망으로 혼란 속에서 지냈습니다.

'나는 어떻게 살아야 하지. 내가 믿던 하나님은 정말 살아 계신 것이 맞
나?'

엄마의 유품을 다 정리해서 버리는데 가슴이 먹먹했습니다. 그리고
아빠는 큰아빠와 거취를 상의했습니다. 아빠가 다니던 공장은 엄마
의 외삼촌이 운영하셨기에 아빠는 그곳에서 더 이상 일을 하실 수 없
었습니다. 가만히 이야기를 들어보니 아빠는 고향에 가기로 결정하
신 것 같았습니다. 저는 아빠와 살기 싫었습니다. 아빠와 살면 분명히
고생할 것이 뻔하기 때문입니다. '아빠는 술도 끊지 않을 것이고, 시

골에 가서 뭘 먹고 산다는 것인가?' 저는 가기가 정말 싫었습니다.

며칠이 지나고 주일이 되어 교회에 갔습니다. 목사님은 우리가 신
앙생활을 열심히 하고 착할 뿐만 아니라 우리가 아빠와 같이 있으
면 교육이며 여러모로 환경이 좋지 않을 것 같다고 말씀하시며 교
회에서 우리 형제를 키워 주시겠다고 제안하셨습니다. 저는 너무
좋았습니다. 아빠와 있는 것보다 교회에 있는 것이 안전하다고 생
각했습니다. 다행히도 동생은 제가 하자는 대로 하겠다고 했습니다.

집에 와서 아빠에게 말했습니다. 교회에서 우리 형제를 키워 주겠
다고 하니 고향은 아빠 혼자서 가시면 좋겠다고 저와 동생은 여기
에 있기로 결정했다고 말했습니다. 그 말을 들은 아빠는 "너희가 같
이 고향에 안 가면 아빠는 죽어. 아빠 혼자 어떻게 살아. 술도 안 먹
고 너희들 책임지고 잘 키울 테니 아빠와 같이 고향에 가자"고 우리
를 설득하셨습니다. 생각지 못한 아빠의 반응에 매우 당황했습니다.

그래서 목사님께 이 상황을 말씀드렸습니다. 교회에서 좋은 제안을
해 주셨는데 아빠가 저렇게 나오니 아빠와 고향으로 가야 할 것 같
다고 말입니다. 목사님은 아직 시간이 있으니 좀 더 생각해 보라고

말씀하셨습니다.

14살 어린 나이에 너무나 많은 것을 선택해야 했습니다. '과연 무엇이 나와 동생에게 좋은 일인가' 고민했습니다. 며칠을 고민하고 또 고민했습니다. '우리가 아빠를 따라가지 않으면 아빠는 정말 죽을까? 그냥 하는 말은 아닐까?' 그런데 아빠의 상태를 보니 우리가 따라가지 않으면 정말 죽을 것 같았습니다. 아빠마저 죽게 되면 저는 아빠를 죽인 사람이 될 것 같았습니다. 그래서 아빠와 고향에 가는 것이 죽기보다 싫었지만 가기로 결정하고 목사님께 말씀드렸습니다.

교회에서는 우리 형제를 매우 걱정해 주셨습니다. 고향에 가서라도 교회를 꼭 다니라며 전도사님이 위로해 주셨습니다.

> "민교야. 넌 침례교인이니 침례교회를 꼭 찾아가서 신앙생활 잘해야 한다. 힘들고 어려운 일이 있으면 늘 하나님께 기도하고 절대 용기를 잃지 말아라. 너희 형제를 위하여 기도하는 사람들이 많다."

모든 짐을 정리하고 고향으로 내려갔습니다. 그런데 그때부터 우리 삼부자의 비극은 시작되었습니다.

10. 지긋지긋한 싸움

우리 삼부자는 서울 생활을 정리하고 고향으로 갔습니다. 이사 가는 날에는 비가 많이 왔는데, 마치 제 마음 상태 같았습니다. 삼부자만 가는 것이 마음에 걸렸는지 고모는 딸에게 며칠 가서 외삼촌과 사촌동생 밥 좀 챙겨 주라고 하셨습니다.

고향 집은 새로 고친 상태였습니다. 집은 그나마 고쳐서 다행이었습니다. 하지만 화장실은 재래식이었습니다. 아빠는 앞으로 개를 키워서 생활하려고 계획하신 것 같았습니다. 이사를 하고 짐을 정리하고 나서 어느 정도 안정이 되었을 때 아빠는 개집을 마당 한쪽에 지어서 개를 키우시기 시작했고, 저와 동생은 새로운 학교에 전학해서 적응해야 했습니다.

갑자기 모든 생활이 바뀌면서 모든 것이 낯설었습니다. 서울에 있을 때는 버스나 지하철 타기가 편했는데 시골에 오니 지하철은 당연히 없었고 버스를 타려고 해도 걸어서 최소 40분은 나가야 했습니다. 학교는 거기서 또 버스를 타고 30분은 가야 했고요. 통학하는 것이 만만치 않았습니다. '과연 내가 이곳에서 적응을 잘할 수 있을까?' 걱정이 앞섰습니다.

서울에 대한 그리움이 매우 컸습니다. 교회를 정하지도 못해서 교회에 가지도 못했습니다. 가고 싶은 마음도 생기지 않았습니다. 하나님께 그렇게 간절히 기도했는데 엄마는 이 세상에 없고 우리만 덩그러니 남았으니 말입니다. 아빠는 우리와 약속했음에도 불구하고 술을 마시기 시작했고, 술만 마시면 엄마의 영정 사진을 붙잡고 우셨습니다.

'있을 때 잘하지. 지금 그렇게 애타게 불러 봐야 무슨 소용이 있나!'

화가 많이 났습니다. 아무리 불러 봐도, 그리워 울어도 엄마는 돌아오지 않았습니다.

학교생활에도 잘 적응하지 못했습니다. 텃새에 왕따까지 정말 죽고 싶었습니다. 모든 것이 어그러진 상황이었습니다. 누구에게 말도 못 하는 상황이 계속되는데 죽고 싶은 마음뿐이었습니다. 저만 학교에서 적응을 못하나 싶었는데 동생도 역시 왕따를 당하고 있었고 학교에 적응하지 못하고 있었습니다. 심지어 학교에 간다고 하고서 가지 않은 적도 여러 번이었습니다. 하루는 저에게 딱 걸렸습니다. 그래서 동생을 앉혀 놓고 간절히 부탁했습니다.

"너까지 그러면 형은 어떻게 사니. 제발 너까지 그러지 마! 형 힘들어…."

그런데 그것도 잠깐이었습니다. 하루는 동생이 아버지 돈을 훔쳐 가출을 했습니다. 국민학교 5학년이 간도 큽니다. 돈을 들고 기차를 타고 어찌어찌 서울에 갔다가 인천 작은아빠 집에 간 모양입니다. 작은 아빠에게 연락이 와서 동생이 가출한 사실을 알게 되었습니다.

기가 막혔습니다. '도망가고 싶은 사람은 나인데 저 녀석이 가출하다니. 그렇게 신신당부했는데 나를 실망시키고 끝내 가출하다니…' 동생마저 이렇게 제 마음을 몰라주니 더 이상 살아갈 이유가 없어졌습니다. 나락으로 떨어지는 기분이었습니다.

동생은 그렇게 여러 번 가출했습니다. 도저히 가만 놔두면 안 될 것 같아서 하루는 방문을 걸어 잠그고 동생을 모질게 때렸습니다. 말로 좋게 설득하고 달래도 봤지만, 말을 도통 듣지 않으니 저도 한계에 도달한 것입니다. 정말 인정사정없이 때렸습니다. 동생은 잘못했다고 빌었지만 소용없었습니다. 저는 이미 참을 만큼 참았고 분노가 하늘만큼 치솟았습니다. 제 매질은 그치지 않았습니다.

동생이 맞다가 죽을 것 같았는지 방문을 열고 도망가 버렸습니다. 그날에는 태풍이 와서 바람이 많이 불었고 비가 엄청나게 왔습니다. 얼마나 빠르게 도망치는지 따라잡지 못했습니다. 동생은 잡히지 않으려고 미친 듯이 뛰었습니다. 저는 동생이 산속으로 들어가는 것을 봤지만 너무 어두워서 찾지 못했습니다.

저는 동생에게 지금 당장 들어오지 않으면 가만 안 놔둔다고 엄포를 놨습니다. 동생은 때리지 않는다고 하면 들어가겠다고 했습니다. 그래서 알았다고, 안 때릴 테니 들어오라고 했고 동생은 조금 있다가 집으로 들어왔습니다. 방에 들어온 동생을 붙잡고 울면서 간곡하게 부탁했습니다.

"제발 부탁인데 너까지 형을 힘들게 하지 마. 형은 정말 죽고 싶어. 아빠는 술 먹고 저러지, 너까지 가출하고 학교도 안 가면 형은 누굴 의지하며 사니? 부탁이다. 제발 마음잡고 가출하지 말고 어떻게든 살아 보자."

그날 밤 우리 형제는 울면서 신세를 한탄했습니다. 아빠는 술에 취해 잠드셔서 우리가 뭘 했는지 전혀 알지 못하셨습니다. 이 모든 것이 아빠와 엄마가 잘못 만나서 우리 형제에게 고통을 안겨 준 것이라고 생각했습니다.

'엄마 때문에 나와 동생이 이렇게 고생을 해야 하나? 혼자 죽으면 그만인가?'

엄마가 정말 미웠고 나중에는 증오심까지 생기기 시작했습니다. 그리고 아빠가 얼른 죽었으면 좋겠다는 생각이 저도 모르게 들었습니다. 아빠가 있는 것보다 없는 것이 우리에게는 훨씬 더 낫다고 생각했습니다. 한 사람 때문에 가족이 이렇게 망가져서 회복 불가능한 상태가 되어 가니 답답하고 슬프고 죽고 싶은 마음만 계속 쌓였습니다. 증오심은 정말 무섭습니다.

아빠는 늘 술에 취해 계셨습니다. 밥 대신 늘 술을 드시고 계시니 몸이 말이 아니었습니다. 하루는 학교를 갔다 왔는데 아빠 정신이 이상했습니다. 평소와는 다르게 말도 더 어눌하고 밤새 이상한 행동을 하셨습니다. 이러다가 어떻게 되실 것 같다는 생각에 무서워졌습니다.

그래서 저는 친척 집에 전화를 걸어 아빠의 상태를 말하고 병원에 데려가 달라고 부탁했습니다. 전화 수화기 너머로 아빠를 욕하는 소리가 들려왔습니다. 저는 가만히 듣고 있었습니다. 제가 할 수 있는 일이 없었습니다. 괜히 비위를 상하게 하면 병원도 데리고 가지 않을 것 같아서 그냥 듣고 있었습니다. 그렇게 한참을 제게 쏟아 붓고 나서야 아빠를 데리고 병원으로 오라고 했습니다. 아빠가 걸을 수도 없다고 하니 또 화를 내면서 택시를 타고 오라 했습니다.

저는 동생과 함께 아빠를 택시에 태워 병원으로 갔습니다. 병원에 도착하니 친척 아저씨가 와 계셨습니다. 아빠를 보자마자 또 욕을 했습니다. 귀에 딱지가 앉을 것 같았습니다. 일단 검진을 받았고 아빠를 병원에 입원시키기로 했습니다. 술을 많이 먹어 위가 뚫어졌고, 알코올 중독 증세가 있는 것으로 보인다고, 병원에 입원해서 증세를 확인해 보자고 했습니다. 우리는 입원한 아빠를 보기 위해 일주일에 한 번씩 병원을 찾아갔습니다. 그런데 병원에 갈 때마다 아빠는 돈 좀 있냐고 물으셨습니다.

"돈? 병원에 있는데 돈이 왜 필요해? 담배 피려고?"

"아니, 배가 고파서 그래."

"아니, 배가 왜 고파? 병원에서 밥 안 줘?"

"일단 있는 돈 좀 줘 봐."

저는 있는 돈을 아빠에게 전부 주고 왔습니다. 알고 보니 병원에 입원은 시켜 놓았지만, 친척 아저씨가 식사는 시키지 않아 병원에서 밥이 나오지 않았던 것입니다. 너무 비참했습니다. '병원에 입원시켜 놓고 죽게 만들려고 했을까? 어떻게 동생을 굶어 죽게 하지? 해도 너무한다'고 생각했습니다.

"아빠! 얼른 치료 받고 나와. 여기 있으면 굶어 죽겠어. 다시는 술 안 먹 겠다고 말해."

저는 병원에서 아빠를 어떻게 퇴원시켜야 하는지 고민했습니다. 병 원에서 치료 받으면 아빠가 술을 안 먹겠지 하고 기대했는데, 오히 려 아빠가 굶어 죽을 수 있겠다는 생각을 하니 마음이 많이 무거웠 습니다.

저는 최대한 용돈을 아껴서 병원에 갈 때마다 아빠에게 돈을 주고 빵을 사서 먹으라고 말하며 절대로 들키지 말라고 신신당부했습니 다. 사람의 삶이 이렇게 비참하게 무너지고 아플 수 있다는 것을 어 린 나이에 맛보았습니다.

시간이 흘러 아빠는 퇴원하셨고 집으로 돌아오셨습니다. 이제는 우 리 집이 안정될까 기대했습니다. 그러나 제 기대와는 정반대로 아 빠는 여전히 술을 다시 잡수셨고, 술만 먹으면 늘 하는 이야기를 하 셨습니다. 신세 한탄만 더 늘어났습니다. 하루는 술을 드시고 우리 를 너무 괴롭히시길래 화를 내면서 대들었습니다. 소리소리 질렀습 니다.

"부모가 되어서 무조건 싸질러 놓고 무책임하게 부모 노릇도 못 하고 살 거면 왜 살아. 차라리 죽어 버리라고. 그러면 우리가 고아원이라도 가서 편안하게 살 수 있잖아. 왜 이렇게 무책임하게 살아서 우리를 괴롭혀. 차라리 나가서 죽어 버려. 엄마처럼 약을 먹고 죽든지 이제 그만 우리 좀 놔 줘. 교회에서 우리를 키워 준다고 할 때 우리 없이는 안 된다고 해 놓고 시골로 데려와 하는 짓이 고작 이거야! 차라리 나랑 같이 죽자. 아니 셋이 다 같이 약 먹고 죽자."

아빠는 제가 어릴 때 어린놈이 대든다며 욕하면서 때리려고 했습니다. 하지만 제가 커서는 아빠의 손을 잡은 후 "이제는 나도 컸고 아빠에게 안 맞아. 왜 때리려고 해"라며 화를 냈습니다. 저도 참을 만큼 참았으니 그만하라고, 나도 아빠를 때릴 수 있다고, 자식에게 맞기 싫으면 가만히 있으라고 말했습니다.

그렇게 쏟아 내고 나면 속이 시원해야 하는데 마음이 너무 괴로웠습니다. 16살 나이에 이런 상황을 겪는 것이 너무나 힘들었고, 감당이 되지 않았습니다. 철없이 아무것도 모르는 동생은 그냥 제 눈치만 보고 있었습니다. 어린 동생을 보고 있자니 마음이 짠했습니다. '국민학교 6학년이 뭘 알까?' 동생을 바라보면 눈물이 저절로 나왔습니다.

저는 매일 눈물로 살았습니다. 엄마를 증오하고 아빠가 우리 앞에서 사라지기를 바라면서 말입니다. 이런 기도는 하는 것이 아니지만 아빠를 빨리 데려가 달라고 기도도 했습니다. 그렇게 기도하다가도 마음에 찔려서 하나님께 잘못했다는 기도를 했습니다.

이러지도 못하고 저러지도 못했습니다. '나에게 행복은 정말 사치인가?'라는 생각을 했습니다. 그래도 '참고 살아 보자. 내가 어른이되어 아빠를 떠나면 되지' 하면서 참고 또 참았습니다. 현실은 시궁창 같았습니다. 여자 없이 남자 셋이 사는 것은 정말 비극 중에서 비극이고 최악이었습니다.

> '엄마만 있었어도 이렇게까지 우리 집이 망가지지 않았을 텐데. 하나님
> 이 기도만 들어줬어도 우리 집이 이렇게 안되었을 텐데.'

계속해서 원망만 쌓였습니다. 신앙으로 극복하기에는 제게 너무나 큰 고난과 아픔이었습니다. '하나님은 전지전능하시다면서 왜 내기도에는 전혀 응답하지 않으실까?' 죽은 사람도 살리시고 사자 굴

에 갇힌 사람도 사자의 밥이 되지 않게 하신 분이라고 분명히 성경에서 읽었고, 예배 시간에 전도사님께도 들었는데 말입니다.

'내가 뭘 잘못 알고 기도해서 그런 건가? 아니면 내가 무엇을 잘못했나? 많고 많은 사람 중에서 왜 우리 집이며 우리 가족이란 말인가? 할머니가 무당을 해서 저주를 받는 것인가? 사랑의 하나님이라고 들었는데…'

제 상황에서는 사랑의 하나님이 아니라 저주의 하나님이라고 말할 수밖에 없었습니다.

그 이후로도 하나님께 계속 기도했지만, 하나님은 여전히 아무런 말씀을 하지 않으셨습니다. 무슨 미련이 남아 있는지 하나님께 계속 기도하는 제 자신이 정말 이해되지 않았습니다. 지푸라기라도 잡고 싶은 심정이었을까요?

집안 환경이 이러다 보니 공부도 엉망이었습니다. '공부가 나에게 무슨 의미가 있으며 꿈을 꾸는 것이 과연 이런 상황에서 맞는 것인가?' 그래서 공부를 포기하기로 마음먹었습니다. '적당히 졸업만 하면 되지' 하고 영어, 수학, 과학 등에 전혀 관심을 기울이지 않았습니다.

하루는 학교에서 소풍을 가는데 저는 밥을 볶고 그 위에 계란을 얹어 도시락을 쌌습니다. 그 당시 소풍 장소는 뻔했습니다. 제 고향에는 문헌서원이 있었는데 이곳은 단골 소풍 장소였습니다. 집에서도 가깝고 자전거를 타고 가면 그리 멀지 않기에 마음 편하게 문헌서원으로 이동했습니다. 반별 장기 자랑과 보물찾기 등 재미있는 시간을 보내고 점심을 먹는데 친구들 도시락을 보니 다들 김밥을 싸 왔습니다. 저만 유일하게 김밥이 아닌 볶음밥을 싸 온 것입니다.

저는 어려서 찬밥을 먹으면 잘 체하곤 했는데, 기분도 그랬고, 그날따라 소나기가 와서 기운이 뚝 떨어진 상태에서 밥을 먹어 그런지 체하고 말았습니다. 얼마나 심하게 체했는지 속이 메스꺼웠고 구역질이 나왔습니다. 집에 와서 간신히 체한 속을 진정시키고 누웠는데, 갑자기 엄마가 생각났습니다.

'이럴 때 엄마가 있었으면 손도 따 주고 등도 때려 주고 했을 텐데….'

아무도 제게 관심을 가져 주지 않으니 너무 서글펐습니다. 그러다가 저도 모르게 펑펑 울었습니다.

'엄마 내가 잘못 했어! 다시 돌아와! 나 너무 힘들어. 아빠랑 살 자신이 없어. 엄마가 없는 빈자리가 너무나 커서 감당하기 어려워. 제발 다시 우리에게 와 줘. 하나님! 하나님이 정말 살아 계신다면 우리 엄마를 다시 살려 줘서 우리에게로 오게 해 주세요. 그러면 예배도 잘 드리고 하나님이 시키는 대로 할게요! 제발 우리 엄마 좀 다시 보내 주세요!'

그렇게 울면서 기도하다가 잠이 들었습니다.

어느덧 저녁이 되었습니다. 아빠는 어디서 또 술을 드시고 왔는지 술 냄새가 온 집안에 진동했습니다. 술을 드시고 왔으면 조용히 주무시면 되는데, 역시나 우리를 또 괴롭히시기 시작했습니다. 가뜩이나 몸도 안 좋고 엄마가 생각나서 마음이 힘든 상황인데, 이런 제 마음도 모르고 우리 형제를 괴롭히시기 시작했습니다.

이번에는 도저히 안 되겠다 싶어서 찬장에 있는 댓병 소주를 꺼내와 아빠 앞에 앉아서 "오늘 밤 내가 술을 먹고 죽을 거야"라고 소리 쳤습니다. 글라스 잔에 소주를 따라서 먹으려고 하니 아빠는 제 손을 잡아채서 그 술을 자신이 드시려고 했습니다. 저는 잽싸게 다른 손으로 잔을 잡아서 한 모금 마셨습니다. 소주 맛이 얼마나 썼는지 저도 모르게 뱉어 버렸습니다. 세상에 이렇게 쓴 술을 왜 마시는지 도저히 이해할 수 없었습니다. 술을 먹어서 엄마가 살아 돌아온다면 모르지만, 그렇지도 않은데 왜 술을 먹고 사람을 괴롭히는지, 삶이 망가지는데도 끊지 못하고 먹는지 도저히 이해가 되지 않았습니다.

저는 아빠에게 "아빠가 계속 술을 먹으면 나도 같이 먹을 테니 그리 알아!"라고 말했습니다. 저도 술주정하면서 아빠에게 배운 그대로 하겠다고 했습니다. 자식한테 제대로 한번 당해 보라고 말했습니다. 그러자 아빠는 제게 욕을, 욕을 하면서 뭐라고 하셨습니다. 그래서 저도 소리 지르며 대들었습니다.

> "왜! 어린 자식에게 당하는 것은 싫은가 보지? 나는 아무런 죄도 없
> 이 매일 당하는데 아빠는 자식에게 당하는 게 싫은가 보네? 정말 양
> 심 없네."

갈수록 제가 이상하게 변해 가는 것 같아서 마음이 슬프고 비참했습니다.

11. 사춘기

매일 지긋지긋하게 반복되는 생활이 희망이 없는 절망이었기에 '내나는 이렇게 살다가 죽는 건가'라는 생각을 자주 했습니다. 숨 막히는 일상생활에서 잠시나마 집을 잊고 살 수 있는 길은 밤마다 동네 형들과 모여서 노는 것이었습니다.

"야! 오늘 수박 서리하자! 갑자기 수박이 먹고 싶지 않니?"

저는 수박밭 주인이 오나 망을 봤고, 다른 형들은 수박밭에 들어가 수박을 따오기로 했습니다. 손으로 사인을 주니 형들은 조심스레 밭에 가서 수박을 손으로 때리기 시작했습니다. 잘 익었는지 확인하는 것입니다. 여기저기서 '통! 통! 통!' 하는 소리가 들려왔습니다. 형들은 잘 익은 수박을 땄고, 아지트로 와서 실컷 먹었습니다. 서리하는 동안 가슴이 두근두근했고, 걸리면 어떡하나 걱정했는데 성공해서 기분이 너무 좋았습니다. 한 번이 어렵지 두 번은 쉬웠습니다. 나중에는 수박 외에도 여러 가지를 서리했습니다. 심지어는 닭도 서리해서 잡아먹기도 했습니다.

우리는 우리가 계획을 잘 세워서 서리를 잘한 줄 알았습니다. 그런데 어른들은 우리가 서리하는 것을 아시면서도 우리를 나무라지 않으시고 그냥 눈감아 주신 것이었습니다. 우리가 동네 아이들이었기에 농작물에 큰 피해만 없으면 그냥 먹게 놔두신 것입니다. 그렇게 우리는 밤마다 뭘 할까 고민하면서 즐거운 밤을 보냈습니다. 여름밤이 깊어 가면서 추억도 쌓여 가고 있었습니다.

형들과 있으면 시간 가는 줄 모르고 재미있게 지냈는데, 집에만 오면 마음이 답답하고 힘들었습니다. 아빠는 여전히 술을 드셨고, 동생은 말을 듣는 척했지만 틈만 나면 엉뚱한 짓을 했습니다. 그런 모습을 보며 '나는 어떡해야 하나' 고민이 깊어졌습니다.

그때 서울 모교회에 가고 싶어졌습니다. 고향으로 이사 내려올 때 전도사님과 선생님들, 그리고 형, 누나, 친구들이 방학이 되면 놀러 오라고 했던 말이 생각났습니다. 그래서 저는 수련회 날짜를 물어보고 그 날짜에 맞춰 2년 동안 모교회 수련회에 참석했습니다.

어느 날 수련회에서 기도회를 하는데 여자 전도사님께서 말씀하셨습니다.

"오늘 이 밤에 방언 받고 싶은 사람은 손 들어 봐."

저는 방언이 뭔지 몰라 멀뚱멀뚱 있었는데, 다른 사람들은 모두 손을 들었습니다. 전도사님은 학생들을 살펴보시더니 찬양을 시작하며 기도회를 인도하셨습니다. 그리고 한 사람 한 사람 찾아다니시면서 기도해 주시는데, 세상에나! 다들 입에서 '샬라샬라샬라' 하는 것이었습니다. 옆에서 기도하던 저는 그 소리를 듣고 신기해서 기도하는 친구의 입술을 눈을 뜨고 보기도 했습니다. 너무 신기했습니다. 그렇게 우리는 밤이 깊어 가는 줄도 모르고 기도에 몰입했습니다. 드디어 제 입에서도 '샬라샬라샬라'가 나왔습니다. 저도 모르게 혀가 말리면서 이상한 소리를 냈습니다.

그렇게 모교회 수련회를 다녀오면 제 마음이 조금은 숨을 쉴 수 있었습니다. 수련회를 갔다 오면 다음 겨울 방학 때까지 잘 버틸 수 있었습니다. 하지만 아무리 노력을 해도 변화가 없고, 하루하루 버겁게 살고 있다 보니 삶의 의미를 고민하게 되었습니다.

'하나님이 살아 계신 것이 맞다면 왜 이런 아픔과 슬픔을 겪게 내버려
두시나.'

기도하면 하나님은 늘 제 기도에 침묵하셨습니다. 제 귀에 아무런 말이 들리지 않았습니다. 비겁한 하나님이라고 생각했습니다. 하지만 신기하게도 방학 때만 되면, 사람이 그리워서인지 모르겠지만, 모교회 수련회를 가게 되었습니다. 저도 제 자신이 이해되지 않았습니다. 하나님이 원망스러우면서도 멀리 서천에서 서울까지 기차를 타고 지하철과 버스를 타고 2박 3일 아니면, 3박 4일 수련회에 참석하러 갔던 것입니다.

한번은 수련회에 참석해 교회 교육관에서 잠을 자고 있었습니다. 갑자기 눈이 매웠습니다. 눈이 너무 매워서 눈을 뜨니 자고 있는 교육관에 하얀 연기가 가득했습니다. 잠결에 저는 누가 소독을 하나 싶었습니다. 눈이 너무 매워서 수경을 쓰고 연기가 빠져나가게 창문을 열었습니다. 하지만 연기는 빠져나가지 않았습니다. 오히려 연기는 더 많아졌습니다. 왜 그런가 싶어 천정을 쳐다보니 세상에! 불이 나서 빨갛게 천정이 타고 있었습니다. 저는 너무 놀라서 급하게 목사님을 크게 부르며 교회 옆에 있는 사택으로 갔습니다.

"큰일 났어요! 교회가 연기로 가득 차고 불이 났어요!"

목사님은 앞을 못 보셨지만, 교회당 동선을 다 아셨기에 교회당으로 뛰어 올라가셨습니다. 그리고 119에 신고했습니다 소방차가 9대나 왔습니다.

불의 원인을 알아봤습니다. 알고 보니 제가 자고 있던 층의 바로 위가 교역자 사무실이었는데, 거기에 석유난로랑 석유통과 두루마리 휴지가 있었다고 합니다. 누가 불을 냈는지는 확실하지 않지만 약간 지능이 떨어지는, 의심 가는 사람이 있는데, 그 사람이 자기 말을 들어주지 않는다고 홧김에 석탄에 불을 붙여서 놔두고 간 것 같다고 했습니다.

목사님은 마침 제가 교회당에서 자고 있어 큰 화재가 나지 않았다며 다행이라고 하셨고, 한편으로는 고맙다고도 하셨습니다. 그리고 전도사님들도 조금만 늦었으면 석유통이나 두루마리 휴지가 쌓여 있는 곳에 불이 붙을 뻔했다며 제가 아니었으면 큰일 날 뻔했다고 말씀하시는데 '내가 교회를 구했나' 하며 다행이라는 생각을 했습니다. 아직도 그 화재의 장면이 생생합니다. 하나님은 그렇게 저와 교회의 인연이 끊어지지 않게 하신 것 같았습니다.

그럼에도 제 방황은 시작됐습니다. 동네 큰형이 125CC 큰 오토바이를 탔는데 여자 친구를 뒤에 태우고 학교는 안 가고 여기저기를 다녔습니다. 그 형한테 저도 같이 놀고 싶다고 데리고 다녀 달라고 부탁했습니다.

"너 학교 안 가도 돼?"
"어, 안 가도 돼."

그러고는 형을 따라다니기 시작했습니다. 가출을 했습니다. 너무 신나고 좋았습니다. 아빠를 안 봐도 되고 동생도 말을 잘 안 들으니 제가 있어 봐야 아무런 소용도 없었습니다. '내 인생은 내 것이니까 내 마음대로 하고 살면 되지. 나도 이만큼 했으면 노력한 것 아니야?' 이렇게 제 스스로를 격려하며 신나게 이탈했습니다. 제 가출은 상당히 오랜 기간 지속되었습니다.

그러다가 동네 형이 집에 가야 할 것 같다고 해서 저도 집에 올 수밖에 없었는데, 그때 아빠는 공부하기 싫으면 일찌감치 공장에 취직해서 돈을 버는 것이 어떠냐고 물으셨습니다. 너무나 어이가 없고 황당했습니다.

'누구 때문에 내가 이렇게 방황하고 있는데 아빠라는 사람이 나에게 어떻게 이런 말을 하지?'

저는 홧김에 "아빠와 사느니 차라리 공장에 취직해서 나 혼자 잘 먹고 잘살 거야!"라고 말했습니다. 참으로 비참한 심정이었습니다. 학교에 가서 자퇴하려고 했습니다. 그런데 담임 선생님이 저를 교무실로 불러서 때리셨습니다. 정신 차리라고 말씀하셨습니다. 저라도 집안을 잘 일으켜 세워야 하지 않냐고 말씀하시며 저를 때리시는데, 오히려 그 매질 속에서 정말 저를 사랑하시고 우리 가족을 위하시는 선생님의 마음이 느껴졌습니다. 사랑의 매였습니다.

그 마음이 느껴져 선생님께 울면서 잘못했다고, 다시는 그러지 않겠다고 말씀드렸습니다. 선생님은 제게 진정으로 권면하셨습니다. 아무리 힘들고 어려워도 꿈을 버리지 말라고 말씀하셨습니다. 다음 날, 선생님은 집에 남자들만 있으니 반찬이 없을 거라며 댁에서 가져온 김치를 제게 주셨습니다.

선생님의 그 마음과 사랑 덕분에 도저히 이탈할 수 없었습니다. 어느 누구도 저를 거들떠봐 주지 않았는데 선생님 덕분에 다시 공부해야겠다고 마음을 먹었습니다.

12. 고아

학교 가기 싫은 촉이 왔습니다. 2년 전 사건과 엄마의 사건이 있던 날처럼 그날따라 학교에 가기 싫었습니다. 하지만 선생님과 약속했고, '특별히 무슨 일이 생기겠어?' 하는 마음으로 학교에 갔습니다. 기우였을까요? 학교에 있는 동안 제 안에 불편함이나 두려움이 전혀 없었습니다.

학교 수업을 마치고 집에 왔는데, 동생도 없고 아빠도 없었습니다. 또 '오늘은 어디 가서 또 술을 드시고 오려나' 하면서 기다리고 있는데, 동네 아저씨가 저를 부르셨습니다.

"민교야! 민교야! 얼른 와 봐라! 니 아버지 쓰러졌다!"

그 말씀을 듣자마자 저는 뛰어갔습니다. 저 멀리서 동네 아저씨가 쓰러진 아빠를 리어카에 싣고 오시는 것이 보였습니다. 잠시 후 의식 없이 쓰러져 리어카에 누워 있는 아빠를 보았습니다. 저는 아빠를 보는 순간 아침의 그 느낌이 기우가 아니었음을 알았습니다. 그날 마을 잔치가 있었는데, 아빠는 그 자리에서 술을 먹다가 갑자기 의식을 잃고 쓰러졌다고 들었습니다. 얼른 집에 와서 쓰러진 아빠를 방에 뉘었습니다.

"아빠! 아빠! 정신 차려! 내 말 들려?"

하지만 아빠는 아무 답변도 하시지 않았습니다.

"아빠! 아빠! 나야! 민교! 내 말 들려? 들리면 고개를 끄덕여 봐!"

아빠가 그냥 돌아가실 것 같았습니다. 친척 집에 전화를 걸었습니다. 다행히 친척 아저씨가 받으셨고, 저는 아빠가 이렇게 된 상황을 말씀드리며 병원에 갈 수 있게 구급차를 불러 달라고 울면서 얘기했습니다.

아빠가 일은 안 하고 술만 드셨으니 우리 집에는 돈이 없었습니다. 그래서 이 일을 해결하려면 친척 집의 도움을 받아야만 했기에 머리를 숙이고 도와달라고 전화를 한 것입니다. 친척 아저씨는 알겠다며 기다리라고 하셨습니다.

저는 아빠가 병원에 갈 수 있어서 다행이라고 생각했습니다. 그런데 20여 분이 지나도 아무런 연락이 없었습니다. 저는 다시 친척 집에 전화를 걸었습니다. 이번에는 친척 아주머니가 전화를 받으셨습니다. 제가 아직까지도 구급차가 안 왔다고 말씀드리니 친척 아주머니가 말씀하셨습니다.

> "네 아버지 깨어나면 너희가 똥오줌 받아 내며 살 수 있겠니? 지금 병
> 원 가서 깨어나면 반신불수가 될 텐데…. 너희가 학교 다니면서 가능하
> 겠니? 그냥 죽게 내버려 둬."

순간 귀를 의심했습니다. '아니, 어떻게 이런 말을 어린 조카에게 할 수 있지? 이게 사람으로서 할 수 있는 말인가?' 도저히 이해되지 않았습니다. 저는 북받쳐 오르는 화를 누그러뜨리고 다시 한 번 간절히 부탁했습니다. 반신불수가 될지 안 될지 모르니까 병원에 갈 수 있게 구급차를 보내 달라고 말했습니다. 그러나 소용없었습니다. 아주머니는 전화를 끊어 버리셨습니다.

저는 다시 전화를 걸었습니다. 이번에는 친척 아저씨가 받으셨습니다. 저는 다시 애원했습니다. 아빠가 병원에 갈 수 있게 구급차를 보내 달라고 했습니다. 그런데 친척 아저씨도 친척 아주머니와 똑같은 말씀을 하셨습니다.

> "민교야, 네 아버지는 가망이 없다. 만약 깨어나면 반신불수인데, 아직 어린 너희가 아빠의 대소변 다 받아 내고 공부하면서 살 수 있겠니? 차라리 그냥 죽게 내버려 두는 것이 너희에게 좋은 일이다. 나중에 나에게 고맙다고 할 것이다."

미쳐 버릴 것 같았습니다. 남도 아닌 피를 나눈 형제인데, 어떻게 이렇게 남 이야기하듯 말하는지. 아저씨는 전화를 끊으셨습니다. 저는 아무것도 할 수 없었습니다. 목 놓아 우는 것밖에 할 수 없었습니다. 마지막으로, 정말 마지막으로 하나님께 울면서 간절히 기도했습니다.

'하나님, 그래요! 엄마 때는 그렇다고 칠게요. 이제 나에게 남은 것은 아빠밖에 없어요. 그러니 하나님이 아빠를 살려 주세요. 저렇게 죽게 내버려 두라고 하는데 이게 말이 되나요? 하나님이 살아 계신다면 이 번에는 정말 아빠를 살려 주세요. 살려만 주시면 하나님께서 하라고 하는 대로 다 할게요!'

시간은 속절없이 흘렀습니다. 아빠는 여전히 의식이 없었습니다. 다시 한 번 친척 집에 전화를 걸었습니다. 다시 친척 아저씨가 전화를 받으셨습니다.

"제발 아빠를 좀 살려 주세요. 병원에 갈 수 있게 구급차를 보내 주세요."
"그냥 죽게 내버려 둬. 그게 너희를 위하는 것이야! 네 아빠는 세상에 태어나지 말았어야 했어! 물도 주지 마! 그냥 죽게 내버려 둬! 지금이야 마음이 아프겠지만 나중에는 고마워할 거다."

저는 절망에 빠졌습니다. 더 이상 소망도 없었습니다. 하지만 제가 할 수 있는 일이라곤 다시금 하나님께 기도하는 것뿐이었습니다.

'하나님, 아빠마저 죽으면 저희는 어떻게 살아요. 제발 살려 주세요! 우리가 이야기하는 거 다 보고 들으셨죠? 이제 저에겐 하나님밖에 없어요. 하나님, 제발! 제발! 우리 형제를 봐서라도 아빠를 살려 주세요!'

아빠는 아무런 의식 없이 누워만 계셨습니다. 저는 아빠 옆에서 찬양을 틀어 놓고 기도를 계속했습니다. 그러고는 담임 선생님께 아빠가 의식 없이 누워 있어서 당분간 학교에 못 갈 것 같다고 전화를 드렸습니다.

그런데 갑자기 아빠의 당숙이 오셨습니다. 그래서 당숙에게 아빠를 병원에 보내 달라고 부탁드렸습니다. 그런데 당숙은 안 된다며, 제가 아빠에게 물을 주지 못하게 지키고 있으라는 친척 아저씨의 부탁을 받고 온 거라고 말씀하셨습니다.

'이건 또 무슨 소리인가…. 정말 해도 해도 너무한다. 아무리 동생이 싫고 미워도 사람의 목숨이 왔다 갔다 하는데 어떻게 이럴 수가 있을

까…?'

저는 계속 울면서 하나님께 기도했습니다.

'하나님 보셨지요. 우리 아빠가 너무 불쌍합니다. 우리 형제도 많이 불쌍합니다. 아빠마저 세상에 없다면 우리 형제는 살 수 없어요. 제발 우리 아빠를 살려 주세요.'

아빠한테 물이라도 숟가락으로 떠서 주려고 하면 당숙은 안 된다고 했습니다. 비극도 이런 비극이 없었습니다. '내가 우리 아빠에게 물도 마음대로 못 주다니. 어쩌다가 이렇게 된 거지. 정말 이렇게 비참한 상황을 언제까지 겪어야 하나?' 하염없이 눈물이 흘렀습니다.

동생은 이 상황을 잘 인지하지 못했습니다. 아빠는 제가 돌보면서 동생에게는 학교에 가서 공부하라고 했기 때문입니다. 동생이 이런 상황을 알게 되면 얼마나 충격을 받을까 하는 생각에 혼자서 이 모든 것을 다 감당하려고 했습니다. 그럼에도 전지전능하신 신이라고 하는 하나님께 기도하는 것 외에는 물리적으로 할 수 있는 것이 아무것도 없었습니다. 저는 아빠 옆에서 울다가 잠이 들기도 하고 기도하다가 잠이 들기를 여러 날 반복했습니다.

'지성이면 감천'이라는 말이 있기에 그것을 믿고 기도했습니다. '내가 포기하지 않으면 하나님께서 우리 아빠를 고쳐 주시겠지….' 막연한 기대였지만 희망을 놓고 싶지는 않았습니다. 이것을 포기하면 저는 무너질 것이기 때문입니다.

5일이 지났습니다. 아빠는 여전히 의식 없이 누워만 계셨습니다. 가늘게 쉬는 숨소리 외에는 그 어떤 소리도 들리지 않았습니다. 속이 타들어 갔습니다. 기도를 포기하지 말자는 생각을 제 머릿속에 계속 주입시켰습니다.

그렇게 7일째, 9일째 지나가는데도 아무런 변화가 없었고, 오히려 물 한 모금도 마시지 못하는 아빠는 점점 말라 가시기 시작했습니다. 당숙이 잠시 한눈 팔 때 아빠에게 물을 주고 싶었지만, 아빠는 입을 벌릴 힘도 없었습니다.

10일째, 13일째가 되면서 아빠는 가망이 없어 보였습니다. '이대로 떠나보내야 하나?' 하는 원통함과 비참함이 계속 저를 감쌌습니다.

'이 감정을 어떻게 멀어지게 할 수 있을까? 안 좋은 생각은 하지 말아야지' 하는데도 그 감정은 계속해서 제게 밀려왔습니다.

하나님은 도대체 뭘 하고 계시는 분인지 이해되지 않았습니다. 이렇게 간절하게 부르짖고 기도하고 있는데 하나님은 묵묵부답이셨습니다.

'할 수 있는 것은 아무것도 없고, 아무도 나를 도와주지 않고, 이런 절박함 속에 있는 어린아이의 기도를 들어주지 않으면 누구의 기도를 들어준다는 말인가.'

그렇게 저는 간절함과 동시에 원망이 섞인 기도를 했습니다.

시간이 흘러 15일째가 되는 날 아빠의 상태가 이상해졌습니다. 숨을 쉬지 않으셨습니다.

"아빠! 아빠! 정신 차려 봐! 아빠, 죽으면 안 돼! 아빠가 죽으면 우리는 어떻게 살라고…."

그런데 아빠는 아무런 요동이 없었습니다. 결국 숨은 멈추었습니다. 코에 손가락을 대 보고 아빠의 심장에 제 귀를 대 보았습니다. 그런데 심장이 뛰지 않았습니다. 올 것이 왔습니다. 아빠는 물 한 모금도 먹지 못하고 보름 정도 계시다가 죽음을 맞이하셨습니다.

결국 저는 모든 것을 잃었습니다. 이제 희망이 없어졌습니다. 정말 고아가 되었습니다.

> '이 세상에 믿을 것은 아무것도 없다. 친척들도 있어 봐야 아무 의미 없고 하나님도 다 필요 없다. 하나님이 있다고? 정말? 만약 있다면 나의 기도를 외면할 수가 없지 않나?'

이것은 종교적 사기였습니다. 철저한 외로움과 비참함이 제게 찾아왔습니다. 저도 더 이상 살고 싶지 않았습니다. 이참에 동생과 같이 죽으면 우리 가족들은 이 세상에서 다 없어지는 것이니 그게 제일 좋겠다고 생각했습니다.

> '이렇게 허망하게 죽을 거면 왜 2년 전에 교회에서 우리 형제를 키워 준다고 할 때 안 된다고, 자기랑 같이 가야 한다고 했나. 너희 없이는 안 된

다고 해 놓고 어떻게 이렇게 우리를 두고 죽을 수가 있지? 너무 무책임한 부모들 때문에 원치 않는 불행과 고난을 겪어야 하는 우리 형제는 앞으로 어떻게 살라는 말인가?'

죽은 아빠의 모습을 하염없이 바라보면서 마치 악몽을 꾸고 있는 것인가 싶었습니다. 하지만 악몽이 아니라 현실이었습니다. 아빠는 다시 볼 수 없는 존재가 되어 버렸습니다. 동생은 이제 좀 컸다고 아빠 죽음의 과정을 알게 되었습니다. 동생이 받을 충격을 생각하니 너무나 마음이 아팠습니다. 아무것도 할 수 없는 무능한 저 때문에 이런 일들이 일어난 것 같아서 매우 아프고 괴로웠습니다.

'앞으로 동생과 이 힘든 생활을 어떻게 헤쳐 나가지? 아빠가 없으면 우리는 행복할지 모른다고 생각했던 것이 잘못이었나? 그 생각 때문에 하나님이 아빠를 데려가셨나? 만약 그게 맞다면 나는 세상에서 가장 나쁜 놈인데, 정말 나 때문이라면 어떻게 하지?'

아빠의 죽음을 지켜보면서 순간 많은 생각들이 스쳐 지나갔습니다. 엄마를 너무 갑작스럽게 떠나보낸 후라 눈물도 많이 나오지 않았습니다. 그냥 꿈을 꾸고 있는 것 같았습니다. 사실 지금이라도 엄마가 우리 곁에 다시 오실 것 같은 느낌, 그리고 정말 엄마가 살아 계신 것은 아닐까 하는 생각이 자주 들었습니다. 마음에서 엄마를 아직 떠나보내지 못하고 원망과 그리움만 가득 쌓여 있는데 갑자기 아빠까지 이렇게 되니 너무나 절망스러웠습니다.

아빠의 시체를 하염없이 보고 있는데 웬 낯선 아저씨가 우리 집에 왔습니다. 장의사였습니다. 아빠의 장례를 치르기 위해 왔다고 했습니다. 그런데 혼자 오셨습니다. 친척 집에서 한 명이면 된다고 말을 한 것 같습니다. 그런데 장의사 아저씨는 혼자 할 수 없으니 도와 달라 하셨습니다. 저는 사람이 물 한 모금도 먹지 못하고 어떻게 죽어 가는지를 다 봤습니다. 그것을 옆에서 보는 것만으로도 충격이었고 비참했는데, 이젠 장례를 치르기 위해 장의사 아저씨와 시체를 닦고 염을 해야 했습니다.

하는 수 없이 장의사 아저씨가 하라는 대로 아빠 옷을 하나하나 벗기기 시작했습니다. 먼저 겉옷을 벗기고 그다음 속옷까지 다 벗기고 나니 앙상한 알몸만이 제 앞에 보이는데, 그 순간 밖으로 뛰쳐나왔습니다. 열흘 동안 아무것도 먹지 못하고 죽은 아빠의 비참한 모습을 보며 도저히 아빠를 염할 자신이 없었습니다.

마당에서 한참동안을 울었습니다. 아빠에게 너무나 미안했습니다. 아빠에게 대들고 못되게 했던 제 행동, 아빠가 술 드시고 몸도 제대로 가누지 못하며 횡설수설할 때 제 분을 못 이겨 아빠를 주먹으로 사정없이 때리면서 죽으라고 소리친 일 등 여러 사건이 생각나면서 더 힘들었고 후회가 됐습니다.

한참을 울고 있는데, 장의사 아저씨가 빨리 염을 해야 하니 그만 울고 와서 함께하자고 하셨습니다. 장의사 아저씨는 저를 달래시며 그래도 아빠의 마지막 가는 길에 아들이 정성스럽게 염을 하는 것도 의미가 있으니 너무 슬퍼하지 말고 염을 잘해 보자고 말씀하셨습니다.

그 말씀을 듣고 아빠의 마지막 가는 길이라도 잘해서 보내드리자 하는 마음으로 아저씨가 알려 주시는 대로 알코올을 가지고 장의사 아저씨가 주는 천으로 아빠의 몸을 닦기 시작했습니다. 동생에게는 이 모습이 충격일 것 같아서 방에서 나오지 말라고 했습니다.

그렇게 염을 하면서 아빠에 대한 원망과 미안함을 다 씻어 버리려고 최선을 다해 아빠의 몸을 닦았습니다. 다 닦고 나니 아파서 누워 있던 모습보다는 훨씬 좋아 보였습니다. 손과 발을 묶고, 귀와 입 등 구멍이라는 구멍은 다 솜으로 막고, 관에 넣기 위하여 최종적으로 수의를 입히고 마무리했습니다.

그 후 친척들이 왔고 얼마 후 영구차가 왔습니다. 아빠를 마음으로, 정신적으로 떠나보낼 시간도 없이 화장터로 떠나야 했습니다. 관을 영구차에 싣고 떠나려고 하는데 선생님과 반 친구들이 문상을 왔습니다. 저는 영구차 안에서 선생님과 반 친구들을 보고 차가 떠나가도록 대성통곡했습니다. 서러워서 울고, 슬퍼서 울고, '이제 우리에게 부모는 없구나!'라는 두려움에 울었습니다. 엄마를 떠나보낼 때가 아프고 힘든 줄 알았는데, 아빠를 떠나보낼 때가 더 힘들었습니다.

'이제 우리는 어떻게 살지? 우리에게 미래는 있나? 서울 모교회에 연락해서 우리를 좀 키워 달라고 부탁해야 하나? 이곳에서는 정말 살기 힘들 것 같은데 어떡하지?'

화장터 안으로 관이 들어가고 반나절 있으니 아빠의 유골이 나왔습니다. 납골함에 넣어 납골당에 안장할 줄 알았는데, 그렇지 않았습니다. 납골함을 가지고 다시 영구차를 탄 후 집 쪽으로 가던 중 갑자기 차가 섰습니다. 그 후 친척 아저씨는 제가 안고 있던 아빠의 납골함을 가지고 산으로 가셨습니다.

'여기가 어디지? 할아버지, 할머니 산소도 아니고, 우리 집에 가려면 아직 멀었는데, 도대체 무슨 일이지?'

차 안에서 친척들이 웅성웅성하고 있는 그때에 친척 아저씨가 산에서 내려오시는데 손에 아빠의 납골함이 없었습니다. 다들 의아해하며 물었습니다. 친척 아저씨는 아빠가 세상에 태어나지 말았어야 했다며 우리를 위해 산에 묻고 왔으니 나중에 찾아가지도 말라고 하셨습니다. 게다가 화를 내시면서 눈물도 아까우니 울지도 말라고 하셨습니다. 마지막까지 자기 마음대로였습니다.

'어떻게 우리에게 이럴 수 있지? 어떻게 한마디 상의도 없이 자기 마음대로 결정해서 처리해 버리지?'

그렇게 아빠는 어디에 묻혔는지도 모르고 차는 출발해서 집으로 왔습니다. 너무나 황당하고 어이없는 일이었지만 누구 하나 우리의 입장을 대변해 주는 사람이 없었습니다. 저도 아무 말 할 수 없었습니다. 그냥 다들 조용히 집으로 왔습니다.

집에 도착하자마자 아빠의 유품들을 정리했습니다. 그리고 동생과
이야기했습니다.

"너 만약에 친척 아저씨네 집에 가서 살자고 하면 어떻게 할래?"
"형, 나 절대 안 가. 우리끼리 살아. 살다가 힘들면 고아원 가자."

같은 생각이었습니다. 그곳은 아마도 우리가 생각한 그 이상의 세
계일 것이기 때문입니다.

13. 고아의 비극

아빠의 유품을 다 정리하고 이젠 우리가 어떻게 살아야 할지 동생
과 상의도 했습니다. 그 후 눈치를 보며 먼저 친척 아저씨에게 조심
스럽게 말했습니다.

"우리 두 형제는 지금 이대로 여기 살면서 학교 다니고, 지금처럼 일주
일에 한 번씩 왔다 갔다 하고, 주시는 음식 받아 와서 먹으며 살면 안 될

까요?"

"너희 둘이 이곳에서 산다고? 안 된다. 너희 둘이 이곳에서 살면 사람들이 우리를 뭐라고 생각하겠니? 자기 집 자식들은 따뜻한 밥 먹이며 따뜻한 집에서 학교 보내고, 조카자식들은 제대로 돌보지도 않는다고 사람들이 욕한다. 그러니 무조건 우리 집으로 가자!"

이때부터 지옥 같은 시간이 우리에게 다가왔습니다. 친척 집은 군산에서 식당을 하고 있었는데, 저에게 식당에서 아르바이트하면서 학교를 다니라고 했습니다. 어려서부터 조금이라도 자기가 수고해서 얻은 걸로 살아야지 무조건 공짜는 교육상 좋지 않다는 이유였습니다. 식당에서 심부름을 하면 일주일 용돈을 줄 테니 그것으로 동생과 함께 학용품, 차비 등으로 쓰라고 했습니다. 시키는 대로 학교를 통학하면서 식당에서 청소와 음식 나르는 일을 했습니다. 얼마나 바빴는지 하루가 어떻게 지나가는지도 모를 정도였습니다.

식당에서 일하다 보면 거스름돈을 바꿔야 할 때가 종종 있었는데, 너무 바쁠 때는 제가 가끔 거스름돈을 바꿔 주기도 했습니다. 하루는 아저씨가 돈 통에 돈이 맞지 않는다고 저를 의심했습니다. 당연히 저는 아니라고 말했습니다. 그리고 거스름돈은 대부분 500원짜

리라 틀리고 자시고 할 것도 없었습니다. 저는 그날도 거스름돈을 넣어 놓은 돈 통에 손을 대지 않았습니다. 아저씨는 장사를 마치고 나서 식당으로 저를 부르시고는 의심하는 눈초리로 아까 그 이야기를 또 하셨습니다.

"너, 이놈의 새끼! 돈 통에 있는 돈 네가 가져갔지! 아무리 생각해도 너 밖에 없단 말이야! 어린놈의 새끼가 벌써 손버릇이 안 좋고, 거짓말만 하네. 너 누구 닮아서 이 지랄이냐! 죽은 네 아비 닮아서 그러냐! 이런 도둑놈의 새끼야!"

아저씨는 제 이야기를 들으려고도 하지 않고 자기 말만 하며 저를 때리셨습니다. 따귀를 때리고, 발로 차고, 몽둥이로 사정없이 때리는데, 마치 동네 개 패듯 때리셨습니다.

예상대로 지옥이 시작된 것입니다. 집에 와서 하염없이 울었습니다. 엄마가 원망스럽고, 아빠가 원망스러웠습니다. 왜 우리를 이렇게 놔두고 먼저 갔는지…. 도망가고 싶었습니다. 하지만 갈 곳이 아무 데도 없었습니다. 너무 비참했습니다. 이것이 현실이라면 차라리 죽는 것이 낫겠다고 생각했습니다. 동생과 저는 서럽고 아파서 참 많이 울었습니다.

그런데 진짜 문제는 이때부터 일어났습니다. 뭔가 일이 생기면 다 우리 잘못이 되었습니다. 집에 사람이 잘 들어와야 일이 잘되는데 너희가 집에 오고 난 뒤부터 일이 잘 풀리지 않는다는 둥, 액이 껴서 돈이 많이 들어가는 굿을 해야 하는데, 굿을 하는 이유가 우리 때문이라고 점쟁이가 말했다는 둥, 정말 말도 안 되는 이유로 우리를 구박했습니다. 우리 형제는 피가 말라 갔습니다.

너무 말도 안 되는 일로 우리를 괴롭히니 동생도 더 어긋나기 시작했습니다. 국민학교 4학년 때 예상치 못한 부모의 죽음으로 마음이 많이 힘들었을 텐데, 어른들이 위로해 줘도 심리적으로 안정이 될까 말까 했는데, 툭하면 욕하고 때리고 괴롭히니 동생은 가출을 밥먹듯이 했고, 학교에도 다니기 싫어했습니다. 전학을 간 학교에서도 부모가 없는 고아라고 왕따를 당한 듯했습니다.

처음에는 안쓰러워 동생을 이해하고 넘어가려 했습니다. 하지만 동생의 가출이 너무 잦았습니다. 가출하면 대부분 PC방이나 서점으로 갔는데, 그곳에서 밥 먹여 주고 잠만 재워 주면 그곳에서 일하며 살았습니다. 그러니 아무리 찾아도 잘 나타나지 않았습니다. 저는 동생이 가출한 것을 친척 집에 들키지 않으려고 밤새 동생을 찾아다녔습니다. 짧으면 하루 이틀, 길면 한 달 두 달까지…. 저는 너무 힘들었고 지쳐 있었습니다.

그래서 결심했습니다. 그냥 동생과 죽는 것으로. 그러면 다 끝나기에. '이렇게 아프고 힘들게 살 필요가 있을까? 죽으면 모든 것이 끝날 거야.' 이것이 우리 형제에게 가장 좋은 선택이라고 생각했습니다.

저는 동생과 함께 물이 빠졌다가 들어오는 시간을 보고 바닷가로 향했습니다. 그리고 동생과 함께 바다에 들어가기 시작했습니다. 동생은 '형이 설마? 겁만 주는 거겠지?'라고 생각하는 것 같았습니다. 그렇게 우리는 신발과 옷가지를 잘 정리해서 한 곳에 놓아둔 채 속옷만 입고 새벽 미명에 바다로 계속 들어갔습니다. 물이 점점 들어왔습니다.

"형! 내가 잘못했어. 정말 죽으려고 하는 것은 아니지?"
"아니, 정말 죽을 거야. 살아서 뭐 하겠니? 우리를 도와주고 믿어 주는 사람이 있니? 죽는 것이 우리에게는 가장 현명한 판단이야. 그러니 아무 소리 말고 형이랑 같이 가자."

동생의 손을 꼭 잡고 더 깊이 들어갔습니다. 동생은 무서운지 울기만 했습니다.

"형, 내가 잘못했어! 다시는 가출 안 할게. 형 말도 잘 들을게…."

하지만 결론은 변함이 없었습니다. 저는 죽기를 각오했습니다. 그런데 바로 그때, 제게 빛이 비치면서 이상한 음성이 들려왔습니다.

'사랑하는 아들, 민교야.'

저는 순간 잘못 들었다고 생각했습니다. 그래서 다른 사람들이 보기 전에 얼른 깊은 곳으로 들어가고자 계속 앞만 보고 걸었습니다. 그런데 또 소리가 들려왔습니다.

'사랑하는 아들, 민교야. 왜 죽으려고 하니?'

그 소리에 저는 막 따졌습니다.

'왜 죽으려고 할까요? 내 삶을 보세요. 내가 죽지 않고 살 수 있을까요? 하나님에게 내가 그렇게 기도하며 부탁했는데, 하나님은 아무런 말도 없고 내 기도도 들어주지 않아요. 내가 처한 상황이 미치도록 힘들고 비참한데 지금 이 순간에도 아무것도 하지 않잖아요!"

'사랑하는 민교야. 죽지 말아라. 내가 너를 사랑한다. 네가 힘들고 아플 때 함께했었다. 나도 같이 울고 아파했다. 나는 너를 사랑한다.'

'사랑? 웃기지 마세요. 그걸 말이라고 나에게 하는 거예요? 당신이 정말 나를 사랑한다면 내 기도를 들어줘야 하잖아요. 말로만 하는 건 필요 없어요!'

그렇게 실랑이를 하는데, 죽으려고 하는 마음이 어느 순간 두려움으로 찾아왔습니다. '하나님이 정말 나를 사랑한다는 게 맞나? 내가 죽으면 벌을 받을까?'라는 여러 생각이 스쳐 지나갔습니다. 그때 다시 소리가 들려왔습니다.

'사랑하는 민교야. 내가 너를 사랑한다.'

그 후 빛은 사라졌습니다. 그 음성을 듣고 저는 동생과 밖으로 나왔습니다. 이것이 하나님이 저에게 처음으로 들려주신 음성이었습니다. 동생을 바라보니 동생은 겁에 질려 어찌할 바를 모르고 있었습니다. 동생과 함께 그냥 집으로 돌아와 계속해서 울었습니다.

'하나님! 나를 죽게 내버려 두시지, 왜 살려 두시나요? 우리는 이 세상에서 살아갈 힘과 능력이 없어요.'

역시나 대답은 없었습니다. 하나님이 야속했습니다. 그래도 살라고 하는 것은 뭔가 뜻이 있어서가 아닐까 생각하면서 다시 살고자 하는 의지를 다졌습니다. 죽으려고 바닷가에 간 용기를 가지고 산다면 어떻게든 살지 않을까 싶었습니다.

하지만 고등학교에 입학하는 과정에서 또 한 번의 좌절을 겪었습니다. 아저씨는 둘 다 대학을 못 보내니 동생을 대학 보내게 저에게는 실업계 고등학교를 가라고 하신 것입니다. 선택의 여지가 없었습니다. 저는 실업계 고등학교에 갔고 그냥 마지못해서 다녔습니다. 이 상황을 빨리 벗어나려면 공부보다는 자격증 따는 것이 중요하다고 생각했고 얼른 취업하는 것이 최고의 방법이라고 생각했습니다.

한편 실업계 고등학교에 가니 신세계였습니다. 다양한 지역에서 학생들이 왔고 텃새도 심했습니다. 수업을 땡땡이치는 학생들도 많았고, 오토바이를 타고 다니는 애들도 있었습니다. 처음으로 휴대폰이라는 것을 봤는데 검은색의 삼성 Anycall 폴더 폰이었습니다. 싸움을 좀 하는 애들은 이 폰을 들고 다녔는데, 알고 보니 조직에 속해 있는 친구들이었습니다. 영화 "친구"에 나오는 것처럼 쉬는 시간마다 전체 짱이 되려고 일대일로 많이 싸웠고, 화장실에는 진한 담배 연기가 자욱했습니다. 선생님들은 귀신같이 담배 피는 녀석을 잡아냈고 싸움하는 녀석을 잡으러 다니셨습니다.

저는 그런 상황 속에서 잘 살아남아 취업을 해야 했기에 2년 반 동안 조용히 학교에 다녔습니다. 학생 기록부에 점수가 좋아야 취업을 빨리 나갈 수 있기에 선생님 말씀을 아주 잘 들었습니다.

또한 저는 동생이 고등학교까지 잘 졸업하길 바랐습니다. 대학에는 갈 수 있을지 잘 몰랐지만 그래도 일단 남들이 다 하는 공부를 잘 마치길 바랐습니다. 그런데 그런 제 마음을 비웃듯이 동생은 학교를 그만두고 싶어 했습니다.

"형, 나 학교 다니는 게 너무 힘들어…"

"왜? 무슨 일인데? 무슨 일로 학교를 그만둔다고 하는 거야?"

"형, 사실 나 학교에서 계속 왕따 당하고 있어."

"뭐? 왕따 당한다고? 왜! 무슨 일로?"

"애들이 나 보고 고아라고 하면서 나를 왕따시켜."

"이런 제기랄! 부모 없이 자라는 게 뭔 죄라고 왕따를 시켜! 우리가 고

아가 되고 싶어 됐나? 지들이 뭔데 너를 괴롭혀!"

동생은 힘겹게 제게 말했습니다. 그 이야기를 듣는데 가슴이 무너
져 내려앉았습니다. '어떻게 해야 하나?' 고민이 됐습니다.

"정말 학교 다니기 싫어. 그리고 형, 나 사실…."

말을 하다가 멈추고는 동생은 손목을 보여 주었습니다. 손목에는
하얀 붕대가 감겨 있었습니다. 저는 아무 생각 없이 물었습니다.

"너 손목이 왜 이래? 다쳤니? 무슨 일이야?"

"나 자해했어…."

도저히 믿기지 않았습니다. 그 이야기를 듣는 순간 제 몸은 얼음처

럼 굳어 버렸습니다.

'이건 또 무슨 소린가? 동생마저 죽으려고 했다니. 나도 간신히 버티며
살고 있었는데. 우리는 안 되는 인생인가?'

동생한테 말은 안 했지만 저도 죽으려고 여러 번 시도했었습니다.
목을 매달아 본 적도 있었고, 수면제를 먹어 본 적도 있었습니다. 그
런데 죽는 것이 쉽지 않았습니다. 막상 죽으려고 하면 동생이 생각
났습니다. '혼자서 힘들고 어려운 이 세상을 살아가는 게 쉽지 않겠
지. 부족한 형이라도 있어야 조금은 위안이 되겠지.' 저는 버티고 또
버텼습니다.

그렇게 동생은 고등학교를 자퇴했습니다. 본인이 힘들다는데 억지
로 학교에 다니라고 하고 싶지 않았고, 검정고시를 치면 된다고 생
각했습니다. 그래서 하고 싶은 것이 있는지 동생에게 물어봤습니다.

동생은 컴퓨터를 잘 다루었습니다. 국민학교 여름방학 때 가정 형
편이 어려운 학생들을 대학교로 초대해서 컴퓨터를 가르쳐 주는 프
로그램이 있었는데, 동생은 그곳에서 탁월한 천재성을 교수님께 인

정받았습니다. 그 교수님은 뒷바라지만 잘해 주면 동생이 우리나라에 크게 이바지할 전자 공학자가 될 것이라고 말씀해 주셨습니다. 그 이야기가 생각나서 동생에게 집에만 있지 말고 하고 싶은 일을 하라고 했습니다.

몇 달이 흘러 동생은 갑자기 서울로 가겠다고 했습니다. '생뚱맞게 무슨 서울?' 서울로 가면 어디서 지내고 무엇을 할 거냐고 물었습니다. 동생은 서울에 아는 형이 게임 회사 대표로 있는데, 그 형이 함께 게임 프로그램을 개발하자고 제안했다면서 서울로 가겠다는 의지를 강하게 내비쳤습니다.

"형, 내가 먼저 서울 가서 기반을 잡을 테니 형도 나중에 서울로 와."

동생이 이렇게 뭔가 각오를 다지는 것은 처음 있는 일이라 허락했습니다. 태어나서 처음으로 동생과 떨어지게 되었습니다. 동생을 서울로 보내는 날, 많은 걱정이 앞섰습니다. '과연 동생이 서울에서 잘 적응할 수 있을까? 그 사장에게 이용만 당하면 어쩌지?' 하지만 여러 고민을 하면서도 동생이 정말 잘되기를 바라며 응원해 주었습니다.

저도 20살 성인이 되어 작은 월세 방을 얻어 독립했습니다. 그제서야 저와 동생은 숨을 쉴 수 있게 되었습니다. 사실 부모님 다 돌아가시고 어느 누구 하나 우리를 도와주거나 보살펴 주지 않았습니다. 그렇게 매를 맞고 인격 모독을 당해도 아무도 우리를 대신하여 대변해 주지 않았습니다. 그런 우리가 이렇게 성장해서 우리가 하고 싶은 것을 선택할 수 있다니 이것만으로도 감사했습니다.

14. 돈! 돈! 돈!

고3 때 모범생으로서 공부도 그렇게 나쁘지 않게 해서 나름 빨리 취직했습니다. 첫 직장에서 열심히 일해서 돈을 모아 동생과 행복하게 살고 싶었습니다. 그런데 제가 간 그 회사의 환경은 열악했습니다. 용접하다가 '아다리'(열 때문에 각막에 화상을 입는 것)에 걸려서 며칠 동안 눈을 제대로 뜨지 못하기도 했고, 회사 기숙사에서는 뜨거운 물도 안 나와서 씻는 데도 어려웠습니다.

그렇게 해서 받은 첫 월급이 38만 원이었습니다. 월급을 받아 제일 먼저 동생에게 고기를 사 주었고 용돈을 주었습니다. 정말 행복했습니다. 제 힘으로 돈을 벌어 제가 하고 싶은 것을 할 수 있어서 얼마나 좋았는지 모릅니다.

그리고 친구들을 불러 술을 사 주고 나이트클럽에도 데리고 다녔습니다. 친구들은 눈이 휘둥그레져서 너무 좋아했습니다. 그렇게 한 달에 한 번씩 월급을 타면 동생과 회식하고 친구들과 함께 놀면서 돈을 썼습니다.

'이것이 바로 돈의 힘이구나!'

돈이 있으면 어딜 가든지 대우받고 인정해 주니 더욱 열심히 돈을 벌기로 마음먹었습니다. 일요일과 공휴일에도 특근을 해서 특근 수당을 받았고 야근해서 야근 수당도 받았습니다.

직장 생활을 하면서 돈을 벌고, 돈이 모이니 사람들이 저에게 관심을 가지기 시작했습니다. 어린 시절 소년 가장으로 살 때는 다들 불쌍하게 쳐다보고 제 말에는 귀 기울이지 않았는데, 제가 일을 해 돈을 벌고 돈을 쓰기 시작하니 사람들이 인정해 주고 저와 함께하는 것이었습니다. 특히나 평상시에 저를 무시하던 친구 놈들이 제가 돈을 벌고 잘 나가니 연락하기 시작했습니다. 어이가 없었습니다. 하지만 저는 대인배처럼 보란 듯이 그 녀석들에게 술도 사 주고 노래방도 데리고 다녔습니다. 역시 '사람은 돈이 있어야 무시당하지 않는다'라는 말이 제대로 증명되는 것 같았습니다.

돈이 주는 힘과 즐거움은 하나님을 떠나 살아도 잘살 수 있음을 더 확실히 알게 해 주었습니다. 취직 전 친척 집에 살 때에는 친척 아주머니가 점을 자주 보는 사람이라 교회 가는 것은 엄두도 못 냈었고, 식당에서 일해야 했기에 갈 수도 없었습니다. 게다가 하나님께 우리 아빠를 살려 달라고 전심으로 기도했음에도 하나님이 들어주시지 않아 하나님을 멀리하고 있었는데, 돈을 벌게 되면서 하나님을 떠나야겠다는 마음이 더욱 확고해졌습니다.

심지어 누가 교회에 가자고 하면 욕을 했고, 하나님을 비난하기까지 했습니다.

"하나님은 없고, 당신들이 속고 있어요. 그러니 얼른 그 이상한 종교에서 나와 자기 자신을 믿으세요. 돈을 열심히 벌어서 저축하고 쓰고 싶을 때 쓰면서 행복하게 사세요. 어리석게 교회에 헌금하고 봉사하지 말고 자유롭게 사세요. 하나님을 안 믿으니 오히려 돈도 모이고 행복한데, 내가 왜 굳이 시간을 내서 교회에 가고 헌금을 하며 봉사해야 해요? 이것이 미친 짓이 아니면 무엇이 미친 짓이에요? 당신들은 얼마나 기도하고 응답받았는지 모르겠지만 나는 하나도 응답받은 것이 없고 하나님은 없다고 결론을 내렸어요. 다시는 나에게 교회 가자고 하지 마세요! 게다가 나는 지금 교회 다니며 예수 믿을 때보다 더 행복하고 재미있게 살고 있어요. 예수 믿을 때는 문제도 많이 생겼고 힘들었고 경제적으로 많이 어려웠는데 지금은 전혀 그렇지 않아요. 제가 교회에 갈 이유를 말해 보세요!"

아주 매몰차게 따지며 싫다고 했습니다.

시간이 지나 어느 정도 경력도 쌓여 돈을 더 벌고 싶어 이직했습니다. 이직한 곳에서도 돈을 꽤 벌었고 그 돈으로 즐겁게 지냈습니다. 회사 형들과 밤이 새도록 술을 마시고 놀았습니다. 이때가 제 음주가무 생활의 절정이었습니다. 이때 담배도 배웠고, 도우미가 있는 노래방에도 처음 가 봤습니다. 팁을 주면 여자들이 애교를 떨면서 다가왔는데, 그렇게까지는 하고 싶지 않아서 제 옆자리에는 여자를 앉히지 않았습니다.

"왜 도우미를 안 부르냐?"
"여자가 싫어요. 그냥 혼자 술 마시는 게 좋아요."
"별난 놈일세."

돈이 아까웠습니다. 팁 몇 만 원이면 맥주 몇 병을 더 살 수 있었기에 음주 가무는 즐겼어도 여자는 싫었습니다.

그랬습니다. 여자가 밉고 싫었습니다. 가장 믿었던 엄마가 저를 배신하고 떠났다 생각하며 살았습니다. 그러니 제게 여자는 믿을 만한 존재가 아니었습니다. 더욱이 유흥업소의 여자들은 다는 아니겠지만 진실로 사람을 대한다고 생각하지 않아서 그 선을 정확히 지키며 살았습니다. 무엇보다도 동생한테 부끄러운 형이 되고 싶지 않았습니다.

하루는 동생이 보고 싶어 서울 동생 집에 갔습니다. 동생의 집은 매우 작았는데, 컴컴한 복도를 따라 들어가면 사람 하나 누울 만한 공간만 있었습니다. 마음이 많이 아팠습니다. 뜨거운 물도 잘 나오지 않아 돼지 꼬리 히터로 물을 데워서 씻는 모습을 보니 더욱 마음이 짠했습니다. 얼른 돈을 많이 모아 함께 살아야겠다고 마음먹고, 더 열심히, 돈이 되는 것이면 무엇이든지 한다고 생각하고 야근과 특근을 쉬지 않고 했습니다. 통장에 돈이 쌓이는 만큼 우리에게 희망이 쌓일 것이라는 확신을 가지고 살았습니다.

그러다 보니 대기업으로 가서 일하고 싶었습니다. 자동차 회사 하청 기업으로 갔습니다. 그곳에서 근무 태도가 좋으면 나중에 정규직을 뽑을 때 뽑힐 수 있다는 얘기를 듣고 저는 정말 열심히 일했습니다. 솔직히 처음엔 힘들어서 그만두고 싶었습니다. 55초마다 차가 한 대 나오는데, 제가 맡은 자리에서 빠르게 조립해야 라인이 멈추지 않기에 항상 긴장해야 했습니다.

들어간 지 얼마 안 되서는 차가 밀리는 일이 허다했습니다. 조장이 빨리빨리 안 한다고 야단치면 우리 팀 리더 형은 괜찮다며 와서 도와주곤 했습니다. 두 달이 지나면서 일이 손에 익었고 라인이 밀리지 않았습니다. 이제야 저의 본 실력이 나오기 시작했습니다. 저는 손이 빠르고 행동도 빨랐습니다. 신속 정확하게 일 처리를 했습니다. 조장도 맘에 들어 했고 어느 순서를 맡아도 무리 없이 조립하곤 했습니다.

시간이 흘러 본사 정규직을 뽑는 시기가 되었습니다. 저는 정규직으로 뽑히길 간절히 바라며 추천을 받아 서류를 넣었습니다. 감사하게도 결과는 좋았습니다. 정규직이 됐습니다. 세상을 다 얻은 것 같았습니다. 하나님 없어도 제 모든 일이 잘되고 있었습니다. 하나님을 믿을 때에는 불행한 일만 가득한 것 같았는데, 하나님으로부터 떠나고 나니 오히려 일이 잘되는 것 같았습니다.

정규직이 되면 시내 식당이나 술집을 가도 외상이 됐습니다. 정규직 사원증이 저를 증명해 주었기 때문입니다. 교회를 백번 다녀도 제 신분을 증명해 주거나 제 자신을 인정받게 할 수 있는 것이 없었는데, 이 정규직 사원증은 이렇게 저를 증명해 주었습니다. 저는 사람들의 부러움을 샀습니다. 부모도 일찍 여의고 가진 것 하나 없는 제가 세상의 중심이 된 것 같았습니다. 교회를 계속 다녔더라면 아마 예전의 비참한 삶에서 벗어나지 못했을 것이라 생각하기도 했습니다.

그런데 행복도 잠시, 정규직이 된 지 6개월 만에 회사가 부도 위기를 맞았습니다.

‘아니, 어떻게 우리나라 3대 자동차 회사 중 하나인 우리 회사가 부도가 난단 말인가?’

출근해 보니 상황이 매우 좋지 않았습니다. 노조가 정부와 협상하고 있다고 하기에 좋은 결과가 있을 거라 낙관하며 기다리고 있었습니다. 하지만 며칠 뒤, 출근 준비하면서 뉴스를 보는데 결과는 최종 부도였습니다. 믿을 수 없었습니다.

‘어떻게 이런 일이…. 말도 안돼….’

얼른 출근해서 상황을 보니 다들 일하지 않고 앞으로 어떻게 해야 할지 걱정하고 있었습니다. 회사가 법정 관리에 들어가면 구조 조정을 해야 하고, 그러면 사람들을 권고사직 시킨다고 했습니다. ‘권고사직이라고?’ 그래도 입사한 지 6개월밖에 안 되었기에 권고사직이라는 말이 멀게 느껴졌습니다. 그러나 제 생각과는 전혀 다른 방향으로 흘러갔습니다.

다음 날 출근하니 회사 정문 앞에 법정 관리를 하려고 정부에서 사람들이 와 있었습니다. 우리는 그들이 들어오지 못하도록 도로에 전부 누웠습니다. 물론 저도 열심히 동참했습니다. 그러나 아무 소용없었습니다.

회사는 월급을 지불하지 않았습니다. 그러면서 권고사직을 받아들이는 사람에게는 6개월 치 월급을 더 준다고 했습니다. 주변 사람들은 그 말에 현혹되면 안 된다고, 절대로 사인하지 말고 기다리라고 했습니다. 저는 '내가 어떻게 해서 들어온 회사인데'라는 마음으로 당연히 사인하지 않았습니다. 하지만 몇 달이 지나도 월급이 나오지 않았고 저는 견디기 힘들었습니다.

직원들은 견디다 못해 한 명 두 명 권고사직을 받아들이기 시작했습니다. 게다가 회사는 문까지 닫아서 출근할 수 없었습니다. 회사 형들과 저는 PC방에서 몇 달을 살다시피 했습니다. 가지고 있던 돈도 떨어지고 이젠 집에 쌀도 떨어졌습니다. 자존심이 상했지만 친구에게 사정을 이야기하고 라면과 쌀을 얻어서 버텼습니다.

또 한 달이 지났습니다. 상황은 똑같았습니다. 그래서 결국, 어쩔 수 없이, 아쉬웠지만, 눈물을 머금고 권고사직을 받아들였습니다. 그랬더니 그동안 밀린 월급이 나왔습니다. 돈은 받았지만, 너무 서글펐습니다.

'이제 나는 뭐 해서 먹고살아야 하나…'

동생에게 사정을 말하고 서울로 가겠다고 했습니다. 동생은 자기 회사 대표에게 말해서 회사를 알아봐 주기로 했습니다. 친구들은 모두 말렸습니다. 군산을 떠나지 말고 군산에서 다시 시작하라고 했습니다. 하지만 저는 군산이 싫었습니다. 아픔이 있는 곳이라 싫었고, 동생과 떨어져 지내는 것도 싫었습니다.

동생에게 연락이 왔습니다. 안산에 일자리가 생겼으니 올라오라고 했습니다. 회사에 기숙사도 있어서 지내는 데는 문제가 없다고 했습니다. 저는 마지막으로 친척 집에 가서 인사를 했고, 그동안 적금을 들어 준다고 가져간 돈을 달라고 했습니다. 그런데 저에게 버럭 화를 내는 것입니다.

"네가 우리에게 준 돈은 너희들 키워 준 값이라 줄 수 없다. 다 써서 없다. 그러니 돈 달라고 말하지 마라."

순간 제 귀를 의심했습니다. 다시 물었습니다. 그러나 돌아오는 대답은 같았습니다.

'아니, 어떻게 이렇게 말을 하지? 내가 너무 순진하게 믿었구나…. 그동안 우리 형제들에게 했던 행동을 생각해서 돈을 맡기면 안 되는 것이었는데….'

낙심했습니다. 그래서 더욱더 서울로 가야겠다고 결심했습니다. 저는 결국 야반도주하다시피 서울로 가는 기차에 몸을 실었습니다. 간단한 옷 몇 가지만 들고 말입니다.

'내가 미쳤지. 왜 적금 들어 준다는 말에 속아서 그동안 모은 돈 몇 천만 원을 다 포기하고 이렇게 야반도주하다시피 여기를 떠나야 하나….'

또다시 좌절할 수밖에 없었습니다. 하지만 아직 나이가 젊으니 다시 시작해 보자고, 절대로 사람도 믿지 말자고 다짐하고, 또 다짐했습니다.

서울에 도착해서 동생과 동생의 회사 대표와 제가 다닐 안산의 회사로 갔습니다. 그곳은 자동차 부속품을 열처리하는 공장이었습니다. 현장 근무자들은 대부분 저와 비슷한 또래였고, 지방에서 올라온 사람도 있었고, 외국인도 있었습니다.

새로운 곳에서의 적응은 쉽지 않았습니다. 공장이 얼마나 더웠는지 모릅니다. 그리고 2교대로 12시간을 근무해야만 했습니다. 또한 열처리 공장이다 보니 노를 끄면 온도를 올리는 데 시간이 오래 걸려서 잘 쉬지 못했습니다. 노가 고장 나지 않은 한, 명절 빼고 2주에 한 번씩 일요일에 쉬었습니다.

그러다 모교회 친구와 연락하게 됐고 옛 생각에 모교회를 가게 되었습니다. 오랜만에 뵙는 담임 목사님과 교회 사람들을 보니 뭔가 뭉클했습니다.

> "민교야! 신앙생활 다시 시작해야지. 우리가 너를 위하여 많이 기도했다! 이제 서울로 왔으니 교회에 출석해서 다시 시작하자."

담임 목사님 말씀에 안 된다고 강하게 말씀을 못 드렸습니다. 당시 교회는 우리 형제에게 잘해 주셨기에 교회에 대한 반감은 없었습니다. 하나님에게는 많았지만 말입니다. 그래서 목사님 말씀에 '교회에 한 번 나가볼까?'라는 생각이 들었습니다. 믿음이 있어서라기보다는 외로웠고 옛 추억이 떠올라서였습니다.

저는 교회에 다시 출석했습니다. 안산 저 끝에서 은평구까지 지하철을 타면 거의 2시간은 족히 걸렸지만 마음을 다잡고 다녔습니다. 심지어 토요일에는 청년부 예배에 참석하고 다시 안산으로 왔다가 주일에 다시 가야 하는 경우도 종종 있었지만 빠지지 않았습니다. 전도사님과 청년들이 옆에서 함께해 준 것에 인간적으로 많은 위로를 받았습니다.

한편 회사 사장은 교회에서 안수집사였는데, 월급 줄 때가 되면 회사에 오지 않았습니다. 그러면서도 한 달에 한 번씩은 신우회라고 해서 본인이 출석하는 교회 목사님을 모시고 전 직원이 예배를 드렸습니다. 이때는 목사님 앞이라 그런지 얼마나 상냥하고 우리에게 친절하게 대하는지, 뭘 잘못 먹었나 싶을 정도로 잘해 주었습니다. 예배가 끝나면 좋은 식당에 가서 식사도 함께했고 그때만큼은 완전 천사가 따로 없었습니다.

그러나 평상시에는 완전히 다른 사람이었습니다. 회사가 늘 어렵다는 말을 입에 달고 살았습니다. 직원들 복지와 월급은 뒷전이면서 우리에게만 일을 더 열심히 하라고 다그쳤습니다. 정말 웃기는 코미디였습니다. 목사님의 설교를 들어 보면, 예수 믿는 사람은 우리 회사 사장처럼 살면 안 되는데 사장은 왜 그렇게 살아가는지 이해할 수가 없었습니다. 늘 헷갈렸습니다. 예수를 안 믿는 사람인지 아니면 대충 믿는 사람인지. 아니면 회사가 정말 어려워서 그러는지 알 수가 없었습니다.

그렇게 몇 해 동안 직장 생활을 했지만, 월급을 제때 주지 않아 회사를 그만두기로 했습니다. 물론 결정적인 이유는 따로 있었습니다. 신앙이 조금씩 회복되면서 어릴 적에 크면 목회자가 되고 싶다는 기도를 했던 기억이 떠올랐는데, 회사 사장이 믿는 사람이니까 혹시 나중에 제가 신학교에 간다고 하면 일하면서 공부할 수 있는 길을 열어 줄까 싶었지만, 회사 사장은 그런 이야기에 일언반구도 하지 않았습니다. 혹시나 했지만 역시나였습니다.

청년부 모임 때 직장 옮기는 문제를 기도해 달라고 부탁했습니다. 마침 그때 교회 형이 청계천에 있는 발전기 만드는 회사에 다녔는데 같이 일해 보자고 제안했습니다. 저는 회사에 가서 사장님과 전무님께 인사를 드리고 맞은편 고시원을 계약했습니다. 보증금 없이 방을 얻을 수 있는 곳이었습니다.

안산에서 직장 생활을 하면서 돈을 모았어야 했는데, 월급을 제때 주지 않아 푼돈처럼 쓰다 보니 돈을 모을 수가 없었습니다. 다시 시작하자는 마음으로 청계천에서 열심히 일했습니다. 발전기를 만드는 일도 신기했지만, 화려한 서울 중심가 뒤에 변하지 않은 동네가 있다는 것이 더 신기했습니다.

당시 제가 믿었던 것은 오직 돈과 제 성실성뿐이었습니다. 부모에게 물려받은 재산이 단 한 푼도 없었고, 가진 것은 몸밖에 없으니 그 몸으로 성실하게 살아야 돈도 모으고 나중에 결혼도 할 것이라 생각했기 때문입니다. 그래서 저는 매일매일 최선을 다해 일하면서 살았습니다.

15. 콜링

새로운 직장을 다니면서 그동안의 안 좋은 기억들은 모두 잊고 열심히 살아보자고 다짐했습니다. 비록 작은 고시원이었지만 저만의 작은 공간이 생긴 것도 얼마나 감사한지 마음에 평안히 찾아왔습니다.

하지만 이 평안도 잠시, 동생이 일하던 게임 회사가 문을 닫았습니다. 고시원에서 둘이 살기 시작했습니다. 고시원 그 작은 방에 있는

1인용 침대에서 다 큰 남자 둘이 잠을 잔다는 것은 정말 살아 보지 않으면 모릅니다. 고시원에서 밥은 기본으로 제공해 주었지만 반찬은 각자 알아서 해결해야 했습니다.

하루는 교회에서 맛있는 반찬을 주었습니다. 순진하게 고시원 공동 냉장고에 반찬을 두었습니다. 다음 날 밥을 먹으려고 반찬을 찾는데, 아무리 봐도 안 보였습니다. 누군가 우리 반찬을 훔쳐 먹은 것이었습니다. 너무 화가 나서 도둑을 찾으려고 했지만, 도저히 찾을 수 없었습니다. 여러 번 그렇게 당하고 나서는 반찬을 공동 냉장고에 두지 않았고, 될 수 있으면 간단하게 컵라면으로 식사를 해결했습니다.

동생이 힘들게 회사 생활을 했기에 당분간 쉬면서 새로운 일 하기를 바랐습니다. 그런데 동생은 한 달, 두 달, 그리고 몇 달이 지나가는데도 아무런 일을 하지 않았습니다. 속으로는 화도 나고 이해가 되지 않았지만, 그래도 참고 기다렸습니다.

발전기를 만들려면 코일을 감아야 하고, 엔진 수리를 할 줄 알아야 했습니다. 처음 듣는 용어들이라 일을 배울 때 더 힘들었습니다.

그러다 보니 혼도 참 많이 났습니다. 제일 힘든 일은 코일을 감아 모터에 삽입하는 일이었습니다. 절연지를 넣고 코일 감은 것을 거기에 맞게 끼워 넣는 작업을 하다 보면 지문이 다 닳아 없어졌습니다. 또 엔진 보링, 카브레타 청소 등등 매우 다양한 일을 했습니다.

힘들게 일해서 월급을 받아 여기저기 지출하고 나면 남는 것이 없었습니다. 기술자도 아니고 보조였기에 월급이 그리 많지 않았습니다. 교회에 계속 다니기는 했지만 구원의 기쁨이든지 삶의 변화가 없으니 계속 고민이 되었습니다.

'기도하면 다 된다는데 왜 나는 기도를 해도 여전히 제자리걸음일까?'

매일매일 반복되는 삶에 많이 지쳐 있었습니다. 또한 친구들은 꿈을 향해 대학도 가고 유학도 가는데, 저는 고등학교만 졸업해서 이렇게 일만 하고 사는 게 너무 억울하고 화가 났습니다. 그러던 어느 날 갑자기 하나님이 찾아오셨습니다. 잠을 자고 있는데 꿈에 나타나셨습니다.

'사랑하는 민교야.'

예전에 동생과 함께 죽으려고 바닷가에 갔을 때 들었던 음성이었습니다. 저에게 무슨 일로 또 이렇게 말을 거시나 싶었습니다.

'사랑하는 민교야. 내 너를 사랑한다.'

'네? 나를 사랑한다고요?'

'그래.'

'아니, 사랑한다면서 내 기도는 왜 안 들어주시나요? 지금 내가 얼마나 힘들고 어려운 처지인 줄 아시잖아요? 친구들은 자기 꿈을 향해 대학도 가고 유학도 가는데 나는 지금 돈 때문에 전전긍긍하고 있어요. 남자 둘이 고시원 1인용 침대에 누워서 생활하고 돈도 못 모으고요. 이게 당신이 사랑하는 사람의 삶의 모습인가요?'

'사랑하는 아들아.'

'사랑한다고 말만 하지 말고 사랑하는 증거를 보여 주세요.'

'네가 나를 대신하여 나의 살아 있음을 전해 주지 않겠니?'

'무슨 말씀이세요? 제 삶을 보세요. 이 삶이 지금 남들에게 하나님이 살아 계시다는 것을 이야기할 모습인가요? 남들이 봤을 때 부모 없이 자란 불쌍한 소년 가장이고 인생의 밑바닥을 기고 있는데, 나를 보고 누가 하나님의 사람이라고 생각하고, 내가 전하는 이야기를 누가 듣겠어요? 말도 안 되는 소리 하지 마세요.'

꿈에서 깨어났습니다. 너무 황당했습니다. 별 이상한 꿈을 다 꿨다며 개꿈이라고 생각했습니다. 저는 '어떻게 하면 가난에서 벗어나고 좋은 여자를 만나 결혼해서 가정을 꾸미고 살까?'라는 생각밖에 없었습니다. 그래서 유일한 장점인 성실성을 가지고 열심히 사는 것이 당시 제 삶에서 최선이었습니다. 괜히 말도 안 되는 꿈 때문에 지금의 삶도 망가지면 안 되니 그냥 제 일만 하자고 했습니다.

그리고 직장에서 기술을 잘 배워 조그마한 수리 가게를 차리면 밥은 먹고 살겠다 싶어 구박을 받으며 힘들게 일했지만 참고 견디자고 마음먹었습니다. 기술을 익히기 위해 정말 열심히 노력했습니다. 이제 웬만한 코일도 수리할 수 있었고 엔진 수리도 가능했습니다. 조금만 더 돈을 모아 집을 구해서 나가자고 제 스스로를 다독였습니다.

그런데 회사에서 월급이 밀리기 시작했습니다. 또다시 불길한 예감이 들었습니다.

'또 시작인가? 그럼 그렇지, 내 인생에 좋은 날이 오겠나? 나같이 안 되는 놈은 평생 안 되는 거지, 무슨 넓은 집과 엔진 수리 가게 사장이냐…'

내가 욕심을 부린 거지…. 에휴….'

그날 밤이었습니다. 잠을 자는데 또 꿈을 꿨습니다.

'사랑하는 아들아.'

그분이 또 찾아오셨습니다. 당시 가뜩이나 힘들어 괴로워하고 있었기에 저를 찾아와 괴롭히는 것처럼 느껴졌습니다. 짜증이 났습니다.

'사랑하는 민교야.'
'네, 왜요?'
'사랑하는 민교야. 내가 너를 사랑한다.'
'아니, 사랑한다면서 나에게 왜 이러시냐고요! 제발 사랑 타령 그만하시고 당신이 나를 사랑하는 증거를 보여 주세요.'
'네가 힘들고 아파할 때, 네가 죽으려고 할 때, 나는 단 한 번도 너를 떠나지 않았단다.'
'그럼 뭐하고 계셨나요?'
'너와 함께 아파하면서 같이 울고 있었고, 네가 그 아픔의 고통에서 벗어나길 기도하고 있었다.'

'네? 뭐라고요? 저는 그게 믿어지지 않는데요?'

'사랑하는 민교야. 내가 너를 사랑한다.'

'말만 하지 말고 나에게 보여 달라고요.'

'너와 같이 힘들고 아픈 사람들에게 다가가 나의 사랑을 전해 주면 안 되겠니?'

이렇게 꿈속에서 그분과 밤새 대화하다가 울면서 깼습니다.

'도대체 내가 이 꿈을 왜 꾸는 거야? 말도 안 돼. 지금 내가 신앙이 있는 걸로 보이나? 우리 형제 먹고사는 것도 힘들고 내가 앞으로 어떻게 살 아야 할지도 모르겠는데, 왜 자꾸 꿈에 나타나 나를 괴롭히는 건지….'

도저히 이해가 안 됐습니다. 매우 혼란스러웠습니다.

또 꿈을 꾸었습니다. 이번에는 강대상에 올라가 설교를 하는데 많 은 사람이 모여 있었습니다. 그런데 예배당 안에 불이 활활 타오르 고 있었습니다. 나중에는 불이 너무 활활 타올라 사람들이 뜨거워 했고 밖으로 나가기까지 했습니다.

그렇게 3일을 계속해서 꿈꿨습니다. 저는 처음에 이 꿈이 정말 개꿈이라고 여겼습니다. 당시에는 목사가 될 상황도 아니었고 믿음도 없었습니다. 그런데 문득, 제가 중1 때 산 기도를 가며 하나님께 약속한 기도가 떠올랐습니다.

> '하나님, 나중에 제가 어른이 되면 우리 목사님처럼 목사님이 되고 싶어요.'

그 기도는 아빠가 술을 먹지 않기를 바랐고, 엄마가 아프지 않고 교회 가길 바라면서 제가 신앙이 가장 뜨거울 때 했던 것이었습니다. 그런데 '지금은 엄마, 아빠도 없고 아무런 희망도 없는데 도대체 나에게 왜 찾아왔을까?' 그렇게 하나님은 저에게 찾아오셨습니다. 매우 당황스럽기도 했습니다.

> '이것을 어디에 얘기해야 하나? 내가 꾼 꿈을 이야기하면 제대로 들어주고 나에게 권면해 줄 사람이 있을까?'

많이 고민했습니다. 그러면서도 저는 조용히 제 꿈을 개꿈이라고 여기며 어느 누구에게도 말하지 않았습니다.

신앙도 조금씩 회복되고 시간이 흘러 몇 달이 지난 뒤에도 그 꿈이 선명하게 생각났습니다. 교회 친한 형들에게 제가 꾼 꿈 이야기를 해 봤습니다. 반응이 별로였습니다.

> "목사 아무나 하는 거 아니야. 그냥 너는 지금처럼 조금씩 잘 성장해서 나중에 안수집사나 해."
> '정말 그런가? 형들 말이 맞겠지? 나 같은 사람이 무슨 목사냐. 어렸을 때 열정으로 기도할 때 순간적으로 목사가 되고 싶다고 한 말인데⋯. 그리고 지금 내 상황이 신학교를 갈 수 있는 상황도 아니고. 그냥 이렇게 신앙생활을 하다가 믿음이 좋아지면 안수집사를 하는 것은 몰라도 목사는 아닌 것 같다.'

그렇게 저는 다시 아무렇지 않게 일상생활을 했습니다. 제 삶이 달라진 것도 전혀 없었습니다. 오히려 악화가 되었습니다. 회사가 월급을 잘 주지 않아 고생만 하고 있을 때, 친구는 자기 아버지가 운영하는 회사에 가서 일하면 좋겠다고 제안했고, 결국 저는 친구 아버지 회사에 가게 되었습니다. 또한 고시원을 탈출해서 단칸방이긴 했지만, 예전보다는 더 넓은 집으로 갔습니다.

하루는 친구 어머니가 우리 형제에게 말씀하셨습니다. 기도하는데 우리 형제가 떠오르면서 '너희는 이렇게 좋은 집에 사는데 민교 형제는 조그마한 월세방에서 살고 있지 않으냐? 그러니 지금보다 좋은 환경으로 이사할 수 있게 도움을 주라'는 감동을 받으셨다고 했습니다. 그래서 아주머니는 전셋집으로 갈 수 있는 보증금을 빌려주셨고, 저희는 매달 나눠서 갚기로 했습니다. 세상에 어떻게 이런 일이 제게 일어나는지 너무나 신기했습니다. 우리는 전셋집을 알아봤고 이사를 했습니다.

> '비록 단칸방이지만 고시원에서 월세방으로, 그리고 전셋집으로까지
> 옮길 수 있게 되다니…. 이제 나에게도 희망이라는 것이 오는 것인가?'

제 마음속에 기쁨이 넘쳤습니다. 그렇게 아주 조금씩 삶의 변화가 생기고 희망이 생기기 시작했습니다.

저는 부모를 일찍 여의었기에 빨리 결혼해서 가정을 안정시키고 싶었습니다. 그러나 남자들이 아무리 돈을 모은다고 해도 한계가 있다는 것을 알았습니다. 또한 부모 없이 소년 가장으로 자란 제게 시집 올 여자가 없을 것 같았습니다. 가진 것은 몸밖에 없는데 과연 누

가 나와 결혼해 줄지, 차라리 결혼을 포기하고 살아야 하는지 고민
했습니다.

그런데 어느 날, 제게 여자 친구를 소개해 주겠다는 말을 듣게 되었
습니다. 너무 신기했습니다. 교회 동생이 친한 친구를 소개해 주겠
다고 해서 얼마나 좋았는지 모릅니다. 정말 이젠 무언가 되어 간다
는 느낌을 받았습니다.

그분을 처음 만나는 날, 교회 동생이 제게 말했습니다.

> "내 친구가 오빠를 먼저 소개해 달라고 했으니 오빠가 정말 잘해 줘야
> 해. 오빠가 어디가 좋은지 난 잘 모르겠어. 사실 내 친구가 이해가 안 되
> 긴 하지만 아무튼 오빠가 잘해 줘."

당시 저는 교회를 열심히 다니고 있었습니다. 신앙이 좋아서라기보
다는 그냥 열심히 다녔습니다. 교회 나온 지 얼마 안 된 여자 청년이
제가 교회를 열심히 섬기는 모습이 마음에 들어서 소개해 달라고
했다니 제가 열심히 교회를 다니기는 했구나 싶었습니다.

하지만 여전히 마음 한구석은 불안했습니다. '내게 이렇게 좋은 일들이 생겨도 되나? 이러다가 또 어려움을 겪는 것은 아닐까?' 두려움이 더 많았던 것도 사실이었습니다.

그렇게 행복한 시간이 쌓여 갔습니다. 그리고 신앙도 뭔가 모르게 조금씩 깊어져 가는 것 같았습니다. 모든 여건들이 조금씩 좋아지니 마음의 여유가 생기면서 제 안에 있던 증오와 원망은 사라지고 감사가 자리를 잡는 느낌이었습니다.

'이제는 지금처럼만 하면 큰 문제없이 가겠지? 지금의 여자 친구도 내가 먼저 사귀자고 한 것이 아니고 본인이 먼저 나를 소개해 달라고 했으니, 서로 크게 싸우지만 않으면 큰 문제없이 갈 수 있겠지?'

작은 소망이 조금씩 이루어지고 있어서 감개무량했습니다.

그때 문득 하나님의 부르심이 생각났습니다. 진지하게 하나님의 부르심을 다시 한 번 점검해 봐야겠다는 생각이 들었습니다. 왜냐하면 이제는 신앙도 조금씩 깊어 가고 있었고 앞으로 제가 어떤 삶을 살아야 할지 고민하고 있던 시기였기 때문입니다. 계속해서 질문하고 기도하기를 반복하였지만 어떻게 해야 할지 몰랐습니다.

'지금처럼 직장 생활을 해야 하나? 아니면 정말 진지하게 목사가 되기
위해 준비를 해야 하나?'

마음의 갈등이 많아졌습니다. 저보다 먼저 신학교를 간 친구를 보
면서 목사가 되는 것도 쉽지 않을 것 같아 마음이 여러모로 복잡했
습니다. 그래서 담임 목사님을 찾아가 상담까지 해야 하나 말아야
하나 고민했습니다.

그러던 중 자연스럽게 기회가 왔습니다. 아동부 여름 성경 학교를
강원도에서 했는데, 담임 목사님이 저녁에 말씀을 전하시기 위해
오셨습니다. 숙소를 배정하는데 담임 목사님과 제가 같은 방을 쓰
게 되었습니다. 상황을 봐서 목사님께 말씀을 드려야겠다고 마음을
먹었습니다. 하지만 막상 말을 하려고 하니 용기가 나지 않았습니
다. 말을 꺼내려고 하면 가슴이 두근두근 했습니다.

오전 프로그램을 마치고 점심 먹고 쉬는 시간에 학생들은 낮잠을
잤고, 목사님과 저는 우리 방으로 들어와서 누웠습니다. 목사님이

갑자기 말을 건네셨습니다.

"민교야."

"네, 목사님."

"너 신학 할 마음 없니?"

"네?"

"네가 목회하면 잘할 것 같은데?"

"제가요?"

"그래."

"목사님이 되려면 어떻게 하면 돼요?"

"기도를 열심히 해야지, 기도만 하면 돼."

"아‥, 기도요?"

너무 놀랐습니다. 하지만 더 깊이 물어봐야 했는데 용기가 나지 않았습니다. 그러나 목사님이 기도만 하면 된다고 말씀하셨기에 내 감정이나 내가 하고 싶은 대로가 아니라 정말 하나님이 제가 거부할 수 없도록 확실한 증거를 주실 거라고 생각하며 기도하기로 마음먹었습니다.

16. 나의 이상형

여자 친구와의 데이트는 힘들었던 제 삶에 숨 쉴 구멍과 같았습니다. 크리스마스가 되어 여자 친구와의 멋진 데이트를 꿈꾸고 있었습니다. 여자 친구와 나름대로 분위기가 있는 곳에서 데이트하며 크리스마스를 즐기고 싶었습니다.

"나 오늘 데이트하고 올 테니 예배 마치고 먼저 집으로 가."

동생에게 말하고 약속 장소에 가려 하는데 여자 친구가 없는 친구 녀석들이 같이 놀자고 했습니다. 저는 안 된다고 했지만, 친구들이 고집을 부려 어쩔 수 없이 여자 친구에게 양해를 구했습니다. 일단 친구들 저녁만 먹인 후 얼른 보내고 우리 둘만의 시간을 갖자며 미안하다고 말했습니다.

식당에서 밥을 먹는데 전화가 왔습니다. 불길한 예감이 들었습니다. 전도사님이 지금 뭐하냐고 물으시며 교회당 뒷정리를 안 하고 갔다고 얼른 교회당으로 오라고 하셨습니다. 저는 아무런 저항도 못 하고 친구들과 교회로 갔습니다. 여자 친구에게는 정말 미안하다고, 다음에 다시 데이트하자고 말했습니다.

그런데 이런 일들이 자주 발생하면서 여자 친구는 서운함과 동시에 불만을 토로했고, 그날 일이 계기가 되어 우리는 헤어지게 되었습니다. 너무나 슬프고 힘들어서 여자 친구에게 미안하다고 여러 번 말했지만, 여자 친구의 마음이 이미 돌아선 상황이라 돌이킬 수 없었습니다. 저는 교회 전도사님이 미웠고 교회 친구들이 미웠습니다.

'아니, 내가 어떻게 연애를 시작하게 되었는데…. 유일하게 숨을 쉬게

만들어 주는 행복한 시간을 자기들이 뭔데 빼앗아!'

여자 친구와 이별을 하고 마음의 정리를 하려고 하는데, 그럴 때마다 우연히 여자 친구와 같이 버스를 타는 경우가 종종 생겼습니다. 도저히 이대로는 안 될 것 같아서 버스에서 손잡고 내렸습니다.

"너를 잊으려고 여러 번 생각했는데, 도저히 잊히지 않아. 다시 시작해 보자."

"우리 아빠에게 허락받을 자신 있어?"

"아니, 다 큰 성인이 연애하는데 무슨 허락을 받아? 네 아빠 너무하시 는 거 아니야?"

"우리 아빠는 매우 엄해서 외동딸이 어느 남자랑 만나는지 궁금해하셔. 아빠가 데려오라고 하셨어."

여자 친구의 집은 나름 잘살았습니다. 반면 저는 가진 것도 없고, 직장도 그렇게 좋지 않아서 제가 인사를 하러 가면 헤어지라고 할 것이 뻔하기에 자신이 없었습니다.

"거 봐. 우리 아빠 찾아가 허락받을 용기도 없으면서! 그냥 헤어져!"

"아니, 지금 결혼하는 것도 아니고 연애하는데 무슨 허락이야. 일단 연애해 보고 결혼할 시기가 되면 내가 가서 허락받으면 되지! 안 그래!"

"거 봐. 용기가 없어. 나는 우리 아빠한테 허락받는 남자와 연애하고 결혼할 거야! 알아서 해!"

일주일만 시간을 달라고 했는데 안 된다고 하니 어쩔 수 없었습니다. 결국 우리는 그렇게 헤어졌습니다. 내 형편이, 이런 내 삶이 많이 서글퍼졌습니다. 갑자기 그동안 억누르고 있던 힘겨움과 외로움이 밀려왔습니다. 저는 여자 친구를 보내고 하염없이 큰 소리로 울며 집으로 돌아왔습니다.

'이렇게 살아서 뭐하나? 내가 가난하고 싶어서 가난한가? 왜 내 부모는 아무것도 남겨 주지 않고 갔나? 엄마, 아빠는 왜 그리도 빨리 갔나? 이젠 나도 다른 사람들처럼 살아가는 의미와 기쁨을 느끼며 살아가는 건가 싶었는데 역시 나는 안 되는구나….'

아무런 의욕도 없이 살아가고 있는데, 어느 날 전도사님은 설교 중에 "그리스도인은 고독이 필요하다. 그 고독의 긴 터널을 지나면서 자신을 발견하고 터널 끝에서 하나님을 만나게 된다"라고 말씀하셨습니다.

'쓸데없는 소리 하고 있네. 고독! 같은 소리 하네. 그것은 살 만한 사람
들이 하는 소리지. 개똥철학 같은 소리 하고 자빠졌네.'

저는 화를 내며 저와는 전혀 상관이 없다고 여겼습니다. 어려서부
터 지금까지 평생 고통의 시간, 고독의 시간을 보내고 있는데, 또 그
런 시간을 가져야 한다고 생각하니 억울하다는 생각이 들었습니다.
그런 시간이 지속되었습니다.

저는 그 상황을 돌파하기 위해 굳세게 마음을 먹으며 노력을 많이
했습니다. 교회에서 봉사도 열심히 했고, 비록 어려운 형편이었지
만 헌금 생활도 철저히 하면서 목회자들을 잘 섬겼습니다. 그러면
'하나님도 나를 불쌍히 여겨 주실 거야'라는 생각도 했고, 목사님들
이나 전도사님들이 제 형편을 잘 알아 저를 많이 예뻐해 주신 것에
조금이라도 보답하고 싶은 마음도 있었습니다.

그러면서도 한편으로는 의심이 들었습니다.

'내가 정말 다시 교회에 와서 신앙생활을 하는 것이 맞나? 정말 하나님이 목회자가 되게 하시려고 나를 다시 부르신 게 맞나? 나 자신의 연민 때문은 아닌가?'

그래서 하나님으로부터 소명을 받았고, 담임 목사님도 제가 목회했으면 좋겠다고 말씀하셨음에도 쉽게 결정할 수 없었습니다. 마지막으로 저는 하나님이 정말 저를 목회자로 부르셨다면, 한 번만 더 담임 목사님을 통해 신학교 가라는 말씀을 듣게 해 달라고 기도했습니다. 그리고 만약 하나님이 제게 목회하라고 하신다면 우리 교회 담임 목사님과 전도사님들에게 사랑을 많이 받고 자랐기에 시각 장애인들을 위해 목회해야겠다고 생각했습니다. 관련해서 시각 장애인들이 모이는 다양한 모임에도 참석해서 활동하며 시각 장애인들과 친하게 지냈습니다. 그렇게 조금씩 시각 장애인들의 삶을 이해하기 시작했습니다.

담임 목사님이 서울맹학교 기독 학생회를 오랫동안 섬기셨기에 기독 학생회 모임 때 만난 형, 누나들이 우리 교회에 오기도 했고, 함께 성탄절 연합 예배도 드렸고, 서로 다니는 교회를 방문하기도 했습니다. 매우 활기찬 연합이었습니다. 담임 목사님뿐만 아니라 담당 전도사님들이 전부 시각 장애인들이셔서 연합이 더 자연스러웠습니다. 시각 장애인들이 흰 지팡이와 함께 버스나 지하철을 타고 이동하는 모습, 악기를 다루는 것, 성대모사 등은 정말 최고였습니다. 정안인인 우리보다 훨씬 더 잘했습니다.

그 모습들을 보면서 저는 시각 장애인들을 위한 사역을 하기로 더욱 굳게 마음먹었습니다. 그래서 더욱 기도했습니다. 한참 기도가 뜨거울 때는 이렇게 기도한 적도 있었습니다.

'하나님! 저를 목회자로 쓰시겠다면 시각 장애인들을 위하여 목회하고 싶습니다. 시각 장애인들의 복음화율이 다른 장애인들에 비하여 적은데 이 사역을 하고 싶습니다. 시각 장애인 목사님 밑에서 어려서부터 신앙생활도 했고, 주변에 친한 시각 장애인 형, 누나, 동생들이 있으니 제가 이 사역을 감당하겠습니다. 하나님! 저를 어떻게 쓰시고 싶으신가요? 혹시 제가 시각 장애인들을 잘 안다고는 하지만, 그들의 마음을 다 이해할 수 없으니 차라리 제가 시각 장애인이 되어 목사로서 목회한다면 그들이 하나님께로 돌아올까요? 그렇게 된다면 제가 실명해도 괜찮습니다. 저를 시각 장애인으로 만들어 주세요.'

교회 시각 장애인 형에게 위와 같이 기도했다고 말했더니 형이 이렇게 이야기했습니다.

> "야! 아무리 그래도 그렇지, 그렇게 기도하면 안 되지. 우리가 앞이 안
> 보여서 이동할 때 네 도움을 받아야 하는데 목회자가 앞이 안 보이면
> 힘들지 않을까?"
> "아! 맞네!"

그래서 생각을 바꾸게 되었습니다. '내가 시각 장애인이 되면 안 되니 나와 결혼할 자매는 시각 장애인이면 좋겠다'고 생각했습니다. 제가 아무리 시각 장애인들을 잘 알고 도와준다고 해도 시각 장애인의 마음을 전부 알 수 없기에 기도를 바꿨습니다.

> '하나님! 제가 시각 장애인이 되기보다는 저와 평생 목회할 수 있는 시
> 각 장애인 자매를 만나게 해 주세요. 신앙관이 같고 서로 위로해 주며
> 마음이 잘 맞는 자매를 만나 우리가 시각 장애인들을 전도할 때 하나님
> 의 영광이 나타나고, 시각 장애인들이 우리를 보면서 비장애인들과 함
> 께 결혼하여 잘사는 것을 보게 하시고, 비장애인들도 시각 장애인들과
> 결혼하여 사는 것도 어렵지 않고 행복하게 잘살 수 있다는 것을 보고

알게 해 주세요!'

이 기도는 매번 빼지 않고 했습니다. 기도만 하고 가만히 있으면 안될 것 같아서 주변의 시각 장애인 형들에게 신앙이 좋은 시각 장애인 자매가 있으면 소개해 달라고 부탁했습니다. 그런데 형들의 반응이 이상했습니다.

"민교야, 너 진심이니? 너의 의도는 잘 알겠는데 정말 잘 생각해야 한다. 시각 장애인과 사는 것이 쉽지 않아…. 잘 생각해 봐."
"너는 참 특이하다. 시각 장애인이 뭐가 좋다고 시각 장애인 여자랑 결혼하려고 하는지 이해가 안 된다."

당연히 이해되지 않았을 것입니다. 저도 제가 하고 싶다고 이렇게 된 것이 아니고, 하나님이 분명히 제게 주신 사명이라 여겼기에 가능한 것이었습니다. 그렇게 몇 명을 만났지만 좋은 인연으로 이어지지는 않았습니다.

'시각 장애인 자매를 만나 결혼하는 것이 하나님의 뜻이 아닌가?'

그러면 비장애인 자매를 만나더라도 시각 장애인 사역을 함께할 수 있는 자매를 만나게 해 달라고 기도했습니다.

어느 날, 형에게 전화가 왔습니다.

"민교야, 너 시각 장애인 계에서 이상한 소문 도는 것 알고 있니?"

"아니, 무슨 소문?"

"어느 젊은 비장애인이 돈 많은 시각 장애인 여자에게 접근하여 사귀자고 한 뒤에 돈만 뺏고 도망가려고 일부러 시각 장애인 여자만 골라 사귄다고 소문이 났어!"

"형, 이게 무슨 소리야! 형도 알잖아! 내가 그런 사람이 아니라는 것을!"

"거 봐, 임마! 내가 말했잖아. 쉽지 않다고."

"아니, 그런 소문을 내고 다니는 사람이 누구야?"

"알아서 뭐하게? 따지려고?"

"어, 당연히 따져야지!"

"야, 다 부질없어. 그리고 누가 그런 소문냈는지도 모르고."

"정말 어이가 없다. 형!"

전화를 끊고 너무 화가 났습니다. 제 순수한 마음이 짓밟힌 것 같았습니다. 하지만 알고 보니 정말로 시각 장애인 여자들만 골라 이용한 후 돈 뺏고 잠수 타는 사람들이 있었습니다. 그러다 보니 저도 그럴 거라고 의심해서 그렇게 소문이 난 것이었습니다. 그나마 다행스럽게도 담임 목사님이 시각 장애인이시라 심각하게 소문이 번지지는 않았습니다. 한바탕 전쟁을 치렀습니다.

17. 부활의 주님!

결혼을 위해 계속 기도했습니다. 하나님이 제게 어떤 사람을 보내 주실지 매우 궁금했습니다. 그때, 예전에 전도사님이 말씀한 것이 생각났습니다. "그리스도인은 고독이 필요하다. 그 고독의 긴 터널을 지나면서 자신을 발견하고 터널 끝에서 하나님을 만나게 된다" 라는 말씀입니다. 그 말씀이 갑자기 제게 다가오면서 고독을 즐기며 살아 보자는 생각을 하게 됐습니다.

그렇게 외로움과 고독의 시간을 보내며 하나님의 선하심을 구했지만, 인간인지라 인내심이 부족하고 언제 이 기도가 응답이 될지 몰라 조바심이 나기도 했습니다. 이렇게 마음이 흔들리는 상황이 올 때마다 '나는 안 되는구나' 생각하며 좌절했습니다.

이런 과정을 수없이 반복했습니다. 흔들리고 좌절하고 기도하고 또 흔들리고. 참 부끄러웠습니다. 겉으로는 신앙이 있는 척했지만, 아직도 속으로는 의심과 불안에 잡혀서 매일 갈등만 하고 있으니 말입니다. 그래도 지금까지 하나님이 죽지 않도록 살려 주시고 소명도 주셨기에 더 기다려 보자는 생각을 하며 하루, 이틀, 한 달, 두 달, 일 년, 이 년이 지나도록 그렇게 버티고 또 버텼습니다.

어느 수요 예배 시간이었습니다. 담임 목사님이 설교하시다가 갑자기 저를 부르셨습니다.

"민교 형제? 민교 형제 왔어요?"

"네, 목사님."

"민교 형제, 신학교 갈 마음 없어요?"

"가고 싶은 마음은 있지만, 아직 확신이 없어서 망설이고 있습니다."

"하나님이 신학교 가라고 하니까 준비해서 신학교 가세요!"

예배 시간에 많은 사람 앞에서 갑자기 말씀하셔서 순간 당황했습니다.

'만약 신학교를 간다면 우리 교회 교단 신학교는 대전에 있어 직장을 그만두고 가야 하는데 어떻게 해야 하지? 동생은 몇 년째 일도 안하고 집에만 있어서 생활이 안 되는 상황인데 내가 과연 갈 수 있을까?'

고민하는 중에 서울에 교단 야간 신학교가 있는 것을 알게 되었습니다. 담임 목사님은 제게 이곳을 추천해 주셨고, 저는 고민 끝에 가기로 선택했습니다.

새해가 밝았습니다. 새해 첫날 예배 광고 시간에 담임 목사님은 갑자기 주보에 없는 이야기를 하셨습니다.

"성도 여러분! 우리 민교 형제 아시죠? 민교 형제가 이제 신학교에 입학하려고 합니다. 여기에 계신 성도님들이 보더라도 민교 형제가 신학교에 가도 되겠습니까? 찬성하시면 아멘으로 답하세요! 그리고 우리

민교 형제가 신학교를 졸업할 때까지 기도로 함께해 주세요.”
"아멘!”

성도님들이 손뼉을 치셨습니다. 감사하기도 하고 낯이 뜨겁기도 했습니다. 하지만 저는 이 일을 계기로 마음을 굳혔습니다.

'아니, 우리 목사님은 왜 자꾸 사람들 앞에서 이렇게 말씀하실까? 내가 안 한다고 할까 봐 그러시는 건가? 이젠 정말 가야겠구나! 이렇게 격려받고 가슴 뜨겁게 사랑받고 있으니 가야지, 무조건 가야지.'

무엇부터 해야 할지 고민했습니다. 먼저 직장부터 정리해야 했습니다. 안정적으로 월급이 나오는 회사를 포기하고 자동차 보험 회사에 취직했습니다. 고객에게 전화를 걸어 자동차 보험을 계약하는 회사였습니다. 다행히 신학교를 갈 수 있도록 배려를 받아 조금은 자유롭게 직장을 다닐 수 있었습니다. 그럼에도 영업 실적이 중요하니 매번 멘트나 자동차 보험 설계를 꼼꼼하게 해야 해서 매일 긴장하며 일했습니다. 신학교를 가게 되어서 기쁘긴 했지만, 일이 만만치 않았습니다. 또한 낮에는 일하고 밤에는 공부하는 것도 정말 쉽지 않았습니다.

교회사 시간에 교수님은 본인이 만난 예수님을 이야기해 주셨습니다. 교수님도 예수님을 믿기까지 쉽지 않은 여정을 걸으셨는데, 하나님이 인격적으로 찾아오셔서 진심으로 예수님을 믿게 되었다고 말씀하셨습니다.

하루는 기도하는데 예수님이 나타나셨고, 자기를 어디로 데리고 가셨다고 하셨습니다. 그곳이 어디인가 보니 예수님이 십자가에 달리신 골고다 언덕이었는데, 사람들이 예수님을 죽이라고 소리치며 침을 뱉고 욕하고 있는 모습이 보였다고 하셨습니다. 그래서 예수님에게 물어보셨답니다.

'예수님, 예수님을 죽이려고 하는 사람들을 보시며 예수님은 왜 가만히 계세요?'

'저 사람들의 눈을 보아라. 무엇이 보이니?'

'검은 천으로 눈이 가려져 있습니다.'

'그래 맞다. 저들은 지금 내가 메시아인 줄 모르고 있어. 그래서 나를 죽이려고 하는 것이야. 저들은 지금 하고 있는 일들을 제대로 알지 못해. 눈이 가려져 있어서 나를 보지 못하고 있어.'

'주님…. 주님…. 주님….'

기도 중에 십자가에 매달리신 주님 앞에 서서 그동안 살아온 자기의 과거를 보니 아무것도 없다는 것을 알게 되었고. 부끄러워서 다시 주님을 세 번 부르고 우시면서 잠에서 깨셨다고 하셨습니다. 그래서 교수님은 그때부터 복음을 전하는 사람으로 살아야겠다는 마음을 더욱 굳게 먹으셨고 지금은 복음 전하는 목회자를 길러 내는 교수가 되었다고 간증하시며 하시는 말씀이 참 은혜가 되었습니다.

"저는 아무런 자랑거리가 없는 사람입니다. 다 주님 앞에 늘 벌거벗은 사람입니다."

어느 날, 제게도 동일한 은혜가 찾아왔습니다. 밤에 잠을 자는데, 제게도 주님이 찾아오셨습니다. 주님은 저를 데리고 골고다 언덕으로 가셨습니다. 많은 사람이 줄지어 있었습니다. 저는 예수님에게 물었습니다.

'주님, 저렇게 많은 사람이 어디를 가고 있습니까?'
'나를 죽이러 지금 골고다 언덕을 올라가는 중이다.'
'아니, 그럼 지금 우리가 있는 곳이 골고다 언덕입니까?'
'그래, 맞다. 골고다 언덕이다.'

'주님, 사람들이 왜 주님을 죽이려고 하지요? 이해가 되지 않습니다. 주님이 그동안 많은 기적을 보이셨는데, 왜 사람들이 주님을 죽이려고 하는지 알 수 없습니다.'

'그래, 네 말이 맞지. 내가 많은 기적도 보이고 하나님 나라 이야기도 많이 했지···. 그렇지만 저 사람들의 모습을 보거라.'

'네? 저 사람들을 보라고요?'

'그래, 자세히 살펴보거라. 특별한 것이 없니?'

'눈이 검은 천으로 가려져 있는데요? 마치 안대를 하고 있는 것처럼요.'

'그래, 맞다. 잘 보았다. 저들은 내가 메시아인 줄 모른다. 그래서 나를 죽이려고 하는 것이다.'

'주님, 이게 말이 되나요? 안대를 벗기면 되잖아요! 아니면 제가 가서 사람들에게 말할게요. 그러지 말라고요.'

'그래도 소용이 없다. 저 사람들은 잘 듣지 못하고 잘 보지도 못한다.'

'주님, 이대로 죽으시면 안 돼요.'

'왜, 내가 죽으면 안 되니?'

'주님이 죽으시면 사람들은 누가 인도해요? 그리고 억울하게 죽으시는 거잖아요!'

'그래, 내가 억울하게 죽는 것은 맞지. 그러나 이 죽음은 억울한 죽음이 아니라 생명을 얻기 위한 죽음이다.'

'주님, 너무나 슬퍼요.'

'너를 위하여 죽은 것이야. 너를 사랑해서.'

'주님, 저를 위하여 죽으셨다니 마음이 아파요.'

'그래, 정말 마음이 아프니?'

'네, 주님….'

'그럼, 네가 지금 교회에서 열심을 내고 있는 것들을 내려놓아라.'

'네? 교회에서 열심히 하고 있는 것을요?'

'그래.'

'아니, 주님. 내가 힘든 삶 가운데 신앙으로 모든 것을 극복해 보겠다고 하는 건데요. 교회 관리, 교회 학교 교사, 청년부 임원, 찬양 팀, 차량 운행 등 이 모든 것을 내려놓으라고요?'

'그래, 그 모든 것을 내려놓아라. 나는 네가 한 것을 받지 않았다.'

'아니, 세상에 어떻게 그렇게 말씀하세요!'

'네가 좋아서 했지, 내가 좋아하는 일을 하지 않았다.'

그날부터 계속 울었습니다. 제가 지금까지 한 모든 봉사와 그 헌신을 주님이 받지 않으셨다니…. 너무나 기가 막히고 속상하고 억울해서 울었습니다. 하지만 시간이 흐르고 주님께서 제게 하신 말씀이 생각났습니다.

'네가 하고 싶어서 한 일이지 내가 원하는 일을 하지 않았다.' 이 말이 제게는 너무나 충격이지만, 시간이 지나며 회개가 나왔습니다. 십자가 앞에서 제 자신을 하나하나 벗겨 보니 알몸이었습니다. 주님에게 너무나 부끄럽고 죄송했습니다.

한 학기 동안 울면서 학교를 다녔습니다. 교회에 가도 지체들의 얼굴을 볼 낯이 없었습니다.

'그동안 내가 해 온 행동 때문에 얼마나 상처를 받았을까?' 미안했습니다. 그렇게 저를 내려놓기 시작했고 저를 비우기 시작했습니다. 그랬더니 조금씩 제 조급함이 사라지고 마음에 평안히 찾아왔습니다. 하나님이 제게 회개할 기회를 주셨습니다. 얼마나 감사했는지 모릅니다.

신학교를 다니면서 주님에게 회개의 기회를 받아 회개하고 모든 것을 내려놓았지만, 그래도 사람인지라 쉽게 모든 상황을 극복하기가 힘들었습니다. 여전히 가난했지만 여전히 동생은 아무것도 하지 않고 있었기에 경제적인 부분도 책임져야 했고, 심지어 집안의 모든 일도 제가 다 감당해야 하니 괴로웠습니다. 게다가 신학교를 갔으니 교회에서 등록금이라도 조금 도와주실 줄 알았는데, 아무런 말씀도 없고 공부하는 데 어려움은 없는지 묻지도 않으셨습니다. 저도 모르게 불평이 나왔습니다.

'아니, 신학교를 가라고 했으면 등록금 지원을 해 주시거나 어려움은 없냐고 물어봐 주셔야 하는 것 아니야? 너무 신경을 안 써 주시네!'

한 달 한 달이 얼마나 빠르게 다가오고, 한 학기가 얼마나 빠르게 지나가는지…. 해결해야 할 일들과 돈이 만만치 않았습니다. 다람쥐 쳇바퀴 돌듯 살아가는 제 삶에 아무런 기대와 의미가 없는 것처럼 느껴졌습니다. 더 이상 버틸 자신이 없었습니다. 뭘 먹어도 배부르지 않았고 아무런 의욕이 없었습니다. 차라리 죽는 게 낫다는 생각이 들었습니다.

학교 수업을 마치고 집에 가려면 지하철을 한 번 갈아타야 했습니다. 충무로역에서 지하철을 기다리는데 안내 방송이 들렸습니다.

"구파발, 구파발행 열차가 들어오고 있습니다. 승객 여러분께서는 승강장에서 한 발 뒤로 물러나 주시기 바랍니다."

'지하철이 들어올 때 머리를 넣으면 죽겠지? 그럼 모든 것이 끝나겠지…. 그래, 머리를 집어넣자….'

지하철이 점점 다가왔고 경고음이 크게 들렸지만 저는 철로 안쪽으로 머리를 집어넣었습니다. 그런데 정신을 차리고 보니 저는 죽지 않고 살아 있었습니다. 제가 머리를 넣는 순간 누군가 저를 뒤로 잡아당기는 것 같았습니다.

'지금 내가 무슨 짓을 한 거지?'

소름이 돋았습니다.

'그런데 누가 나를 뒤로 잡아당겼지?'

주위를 둘러보니 제 주변에는 제게 관심을 두는 사람이 아무도 없었습니다. 다들 바쁘게 자기의 길을 가고 있을 뿐이었습니다. 그 순간 깨닫게 되었습니다.

'부활의 주님이셨구나!'

가장 싫어하는 성경 구절이 있습니다. 바로 데살로니가전서 5장 16-18절입니다.

> 항상 기뻐하라 쉬지 말고 기도하라 범사에 감사하라 이것이 그리스도 예수 안에서 너희를 향하신 하나님의 뜻이니라_살전 5:16-18

이 말씀이 그토록 싫었습니다. 제 삶을 보면 시궁창 같았고, 변화될 것도 전혀 없고, 기뻐하지도 못하고, 기도도 안 되고, 감사할 수 없는 상황인데, 기뻐하고 기도하고 감사하라니요. 이 말씀을 듣거나 읽을 때마다 저는 신앙이 일도 없는 사람이라고 생각하며 자책했습니다.

> '내가 기뻐하지 못하는 것은 신앙이 없어서 그런 거야. 내가 기도를 못하는 것은 믿음이 없어 그런 것이고. 범사에 감사하지 못하는 것은 세상적으로 생각해서. 나는 왜 이 모양이 꼴일까?'

믿음 없음에 괴로워하고 있었습니다. 그런데 그런 제게 '부활의 주님'이 찾아오신 것입니다.

'그래, 지금 내가 죽으려고 한 죽음을 주님이 나 대신 죽으셨어. 죽으신 것으로 끝난 것이 아니라 나에게 소망을 주시려고 죽음을 이기시고 부활하셔서 지금도 나를 위해 하나님 우편에 앉아 계시고, 그곳에서 나를 위해 기도하시지. 그 주님을 영접하면 나도 죽음을 이기고 부활한다는데 나는 왜 이랬을까. 내가 죽을 필요가 있나? 죽음이 사람에게 제일 두렵다지만, 그 죽음을 이기신 주님이 나와 함께하시니 그럼 나도 죽음을 이기는 거잖아! 그렇다면 이 땅에서의 삶이 아무리 버겁고 힘들더라도 죽을 이유가 없지! 내가 죽음을 이겼는데?! 그리고 부활 할 텐데! 이 땅에서 남들보다 못 살고 고통과 고난이 따른들 그게 뭐가 중요해! 나에겐 죽음을 이기고 부활하신 주님이 계시고 나도 죽음을 이기고 부활할 텐데!'

마음속 깊은 곳에서 이 고백이 나오면서 기쁨이 넘쳐났습니다. 진정으로 주님을 만났기 때문입니다.

18. 용서

그동안 교회를 다닌다고 했지만, 마음 한구석이 허전하면서도 뭔지 모를 두려움은 가득 차 있었습니다. 무엇보다도 부모님 안 계신 그 마음의 빈자리를 채울 수 있는 것은 아무것도 없었습니다. 돈으로 도 안 되고, 사람과의 사랑으로도 안 되었습니다.

인간에게는 하나님의 방과 소중한 사람들의 방, 그리고 욕구의 방이 있는데, 인간은 그 방들을 채우기 위해 부단히 노력한다고 합니다. 특히 욕구의 방을 채우려고 모두가 미친 듯이 발버둥 친다고 합니다. 저도 그런 사람이었습니다.

하지만 부활의 주님을 만나고 제 마음속 욕구의 방, 부모의 큰 방이 채워졌습니다. 물론 이 말은 다 채워졌다는 의미가 아니라, 주님의 방을 채우면 비록 많은 방들이 다 채워지지 않아도 주님 한 분만으로 만족하는 생활을 하게 된다는 의미입니다. 이것을 체험하고 고백하면서 왜 그리스도인이 부활 신앙을 가져야 하는지 깨닫게 되었습니다.

그리고 바울의 고백이 어떠한 의미인지를 부활의 주님을 만나고 나서야 깨달아졌습니다.

> 내게 능력 주시는 자 안에서 내가 모든 것을 할 수 있느니라_빌 4:13

바울이 이렇게 고백할 수 있는 비결은 그 앞 구절에 있었습니다.

> 내가 궁핍하므로 말하는 것이 아니라 어떠한 형편에든지 나는 자족

하기를 배웠노니 나는 비천에 처할 줄도 알고 풍부에 처할 줄도 알아
모든 일 곧 배부름과 배고픔과 풍부와 궁핍에도 처할 줄 아는 일체의
비결을 배웠노라 _빌 4:11-12

부활의 주님을 만나고 나서 바울의 이 고백이 제 삶의 고백이 되었습니다. 바울은 옥에 갇혀 있었습니다. 아무것도 할 수 없는 상황에 있었습니다. 그럼에도 바울은 위와 같은 고백을 했습니다. 자신의 삶과 사역을 통해 하나님의 능력을 경험했기에 자족할 수 있음을 고백하고 있습니다.

그 자족은 바로 주님이었습니다. 부활의 주님을 만나면 자족하는 법을 배우게 됩니다. 주님이 너무 크시기에 그 주님께 압도당해서 어떻게 할 수가 없습니다. 그분은 천지를 창조하시고 위대하시며 우리를 구원하시는 구원자이십니다.

기독교는 사랑의 종교라고 말합니다. 그런데 사랑의 완성은 죽음입니다. 죽음이 곧 사랑입니다. 기독교는 죽음의 종교입니다. 죽음을 직면해야 주님을 만날 수 있습니다.

오호라 나는 곤고한 사람이로다 이 사망의 몸에서 누가 나를 건져내랴
_롬 7:24

내가 그리스도와 함께 십자가에 못 박혔나니 그런즉 이제는 내가 사는 것이 아니요 오직 내 안에 그리스도께서 사시는 것이라 이제 내가 육체 가운데 사는 것은 나를 사랑하사 나를 위하여 자기 자신을 버리신 하나 님의 아들을 믿는 믿음 안에서 사는 것이라 _갈 2:20

부활의 주님을 만나게 되어서 이제 제 안에 부활의 주님이 사시기에 두렵지 않습니다. 세상이 줄 수 없는 평안이 생깁니다. 어떠한 문제에 직면해도 그것 때문에 위축되거나 주님을 배반하는 것이 아니라 주님이 주시는 평안으로 그 문제를 바라보고 기도하며 문제의 해결을 주님에게 맡기게 됩니다. 하나님의 선하신 뜻이 어디에 있는지 알 수 있게 됩니다. 그리스도인은 사람을 기쁘게 하거나 자신의 욕망을 채우기 위해 살지 않고, 하나님을 기쁘시게 하는 것, 즉 하나님이 인정하시는 길을 선택하게 됩니다. 이것이 진정한 부활의 기쁨이며 소망입니다.

저는 이것을 맛보았고 알게 되었습니다. 물론 부활의 주님을 알게

되고 맛보았어도 제 주변 상황은 하나도 변하지 않았습니다. 경제적으로든 공부든 뭐든지 말입니다. 하지만 마음이 기뻤습니다. 너무나 신기했습니다. 부활의 주님이 제게 진짜 찾아오셨습니다!

부활의 주님을 만나고 제 삶이 바뀌기 시작했습니다. 아니, 정확하게 말하자면 지금 제가 처한 상황을 바라보는 시각이 바뀌었습니다. 이제 우리에게 일어나는 모든 사건과 환경이 상대방 때문에 온 것이 아니라, 원래 세상은 고난으로 가득 차 있기에 우리가 그 고난을 어떻게 마주하며 극복해 가느냐가 중요하다는 것을 깨닫게 되었습니다.

> 보라 너희가 다 각각 제 곳으로 흩어지고 나를 혼자 둘 때가 오나니 벌써 왔도다 그러나 내가 혼자 있는 것이 아니라 아버지께서 나와 함께 계시느니라 이것을 너희에게 이르는 것은 너희로 내 안에서 평안을 누리게 하려 함이라 세상에서는 너희가 환난을 당하나 담대하라 내가 세상을 이기었노라 _요 16:32-33

이 말씀은 이제 제게 제가 처한 모든 상황을 어떻게 극복할 수 있는지를 알려 주는 살아 있는 말씀이 되었습니다.

예수님도 하나님이 함께하셨기에 세상을 이기셨습니다. 그럼 저도 예수님과 함께하면 세상을 이길 수 있는 것이었습니다. 부활의 주님을 만나고 나니 이 말씀이 너무나 분명하게 다가왔습니다. 그렇게 마음의 평정을 찾았고 죽음을 이기신 주님과 함께 저도 죽음을 이기니 두려움이 사라지고 불안이 사라졌습니다.

그런데 제일 큰 문제가 남아 있었습니다. 원수를 사랑하는 문제였습니다. 마음의 여유와 기쁨이 생겼지만, 원수를 사랑하라는 말씀은 여전히 힘들게 다가왔습니다. 모든 것은 다 이해가 되었고 그럴 수 있다고 생각했습니다. 부모의 형제들이 우리를 찾아보지 않은 것, 세상 사람들이 우리를 불쌍하게 여기며 동정심으로 바라보는 것, 뭘 해도 부모 없이 자란 애들이라며 손가락질하는 것 등등 모든 것이 수긍되었습니다.

하지만 정말 마지막 하나, 우리 아버지를 죽게 내버려 둔 친척은 용서가 되지 않았습니다. 간접적인 살인이었습니다. '미성년자만 아니었으면 이렇게 허무하게 아빠를 보내지 않았을 텐데'라는 이 마음과 함께 친척에 대한 원망이 여전히 강하게 남아 있었습니다.

'지금 내가 목회자가 되려고 신학교를 다니고 있는데, 앞으로 설교할 때 과연 성도들 앞에서 원수를 사랑하라고 말할 수 있을까?'

주님에게 진심으로 기도했습니다.

'주님! 제가 원수를 사랑할 수 있도록 주님의 사랑을 제게 주십시오. 이미 제게 다 주셨지만, 아직 제게는 해결되지 않은 문제가 있습니다. 원수를 사랑해야 한다는 것을 머리로는 알고 있지만 이것이 가슴으로까지는 내려오지 않았습니다. 그들을 진정으로 용서할 수 없네요. 주님, 어떡해야 하나요?'

매일 기도했습니다. 그렇게 기도하는데, 어느 날 주님은 제게 말씀하셨습니다.

'민교야.'
'예. 주님.'
'이제 그 친척을 용서하렴.'
'네? 뭐라고요?'
'그들을 용서하면 좋겠다.'

'주님, 어떻게 제게 용서하라고 말씀하시나요. 저들은 자기들이 무슨 잘못을 했는지도 알지 못하고, 잊을 만하면 전화해서 사람 염장을 지르는데, 어떻게 그렇게 말씀하세요!'

'그래, 다 알고 있다. 그래도 그들을 용서하면 좋겠다.'

'주님, 맞아요. 저도 그것 때문에 많이 힘들고 불편해요. 하지만 저들을 막상 용서하려고 하니까 화가 나고 더 미워지네요.'

'내가 너에게 용서하라고 말하는 것은 다 너를 위해서다.'

'저를 위해서라고요? 그게 무슨 말씀이세요?'

'네가 그들을 용서하지 못하면 계속 미움과 원망에 사로잡혀서 너 자신을 망가뜨릴 수 있단다. 그래서 용서하라는 것이다.'

'주님, 무슨 말씀인지 알겠어요. 노력해 볼게요.'

하지만 아무리 기도해도 용서가 안 되었습니다. 용서한다는 것이 이렇게 어려운 일인지 몰랐습니다. 용서는 저를 그렇게 괴롭혔습니다. 계속 기도를 하던 중 주님이 다시 찾아오셨습니다.

'민교야.'

'네, 주님.'

'네가 용서하는 것이 힘들고 어렵다는 것을 안다. 하지만 그들을 용서

해야 네가 산다. 그러니 용서해라.'

'주님, 무슨 말씀이신지 알겠어요. 그런데 그게 정말 안 되네요….'

'내가 너를 위하여 십자가에 죽었잖니'

'그렇지요. 저를 대신하여 죽으셨지요….'

'그러니 나를 봐서라도 그들을 용서해라.'

'주님….'

당신을 봐서라도 그들을 용서하라고 말씀하시는 주님의 음성을 도 저히 외면할 수 없었습니다. 그리고 주님이 말씀하신 것이 깨달아졌 습니다. 평상시에는 잘 모르다가도 뭔가 억울한 일이 생기거나 일이 풀리지 않을 때 저도 모르게 불평과 원망이 나오는 이유가 바로 제 가 원망과 미움에 사로잡혀 있었기 때문임을 알게 되었습니다.

'주님! 주님이 왜 제게 저들을 용서하라고 하시는 줄 이제야 알았습니 다. 주님! 제가 용서할 수 있도록 해 주세요. 제 힘과 의지로는 안 되니 주님의 사랑으로 용서하게 해 주세요.'

울면서 기도했습니다. 오랜 시간 기도했습니다. 그리고 깨달았습니 다. 누군가를 사랑하는 것이 누군가를 미워하는 것보다 쉽다는 것을, 또 미워하는 사람을 용서하지 못하는 것은 자신이 속한 그 어느 곳에서도 진정한 용서를 구하거나 받아 보지 못했기 때문임을 알았습니다. 주님이 저를 용서하셨기에 저도 용서를 할 수 있음을 알았습니다. 그랬더니 자유로움이 생겼습니다. 이제는 용서 때문에 힘들지 않았습니다.

> '부모를 죽게 만든 원수도 사랑했는데, 그리고 용서를 구하고 용서를 받아 보았는데, 내가 용서하지 못할 게 뭐가 있나!'

이런 고백이 제게 생겨났습니다. 그렇게 주님은 용서를 어떻게 해야 하는지 가르쳐 주셨습니다. 이것이 진정한 화해의 종교인 기독교의 매력입니다.

19. 넝쿨 채 당신

조금씩 제 삶은 변화되고 있었고, 저를 마지막까지 괴롭혔던 용서 문제도 해결되어서 행복하고 감사했습니다. 하지만 해결해야 할 문제가 남아 있었습니다. 결혼이었습니다. 주변을 보니 제 또래 사람들이 하나둘씩 결혼하기 시작했습니다. 참 부러웠습니다. 25살 안에 결혼하고 싶었는데, 29살이 되어 가는데도 여자 친구가 없었습니다.

하지만 여자를 만날 기회가 없었습니다. 저는 늘 교회와 직장에서 생활했고, 가끔 온라인으로 시각 장애인 기독교 동호회에 들어가서 글과 댓글을 남기거나 차량 봉사를 하는 것 외에는 딱히 새로운 일상이 없었습니다.

방학 때였습니다. 온라인으로 제가 속해 있던 시각 장애인 기독교 동호회에 들어가 봤는데, 분란이 있었습니다. 상황을 알아보려고 운영자에게 전화했습니다.

> "안녕하세요. 저는 회원 정민교입니다."
>
> "네, 안녕하세요."
>
> "지금 동호회 상황이 매우 안 좋던데, 믿는 사람들끼리 서로 양보하고 화해하면 좋겠다 싶어서 고민하다가 용기를 내 연락드립니다."
>
> "네, 맞는 말씀입니다. 하지만 지금 일이 크게 벌어졌는데, 이것을 중재하는 일이 쉽지 않네요."
>
> "그렇군요. 옆에서 지켜보는 한 사람으로서 마음이 아픕니다."
>
> "네, 기도 부탁드려요."

동호회 분란 때문에 통화를 시작했지만, 어느덧 자연스럽게 각자의 일상생활과 신앙에 관한 이야기를 하고 있었습니다. 운영자는 중도 실명자였는데, 언제 어떻게 시각 장애인이 되었는지, 어떻게 장애를 받아들이고 재활했는지 등 다양한 이야기를 나누었습니다. 저 또한 부모님은 언제 돌아가셨는지, 살아온 과정에서 겪었던 고난들을 어떻게 신앙으로 극복하였는지, 그리고 신학을 어떻게 하게 되었는지 등 많은 이야기들을 나누었습니다.

운영자는 24살에 병원에서 안 된다고 하니까 기도로 고쳐 보겠다고 기도원에 들어갔고 10년 동안 하나님께 매달렸다고 했습니다. 또한 수술 후유증으로 공황 장애, 위 무력증, 우울증이 몰려와 살고 있지만 산 사람이 아니었다고 했습니다. 그 이야기를 듣는데 저도 모르게 눈물이 흘러나왔습니다.

그렇게 매일 통화하면서 서로의 간증을 이야기하는데 시간 가는 줄 몰랐습니다. 자연스럽게 운영자 그 자매에게 마음이 가기 시작했습니다. 결정적으로 그 자매의 한 간증이 마음에 박혔습니다. 그 자매가 기도원에서 경험한 이야기였습니다.

그 자매가 박수치며 찬양하다가 손바닥에 뭐가 묻은 것 같아 엄마에게 보여 주었는데, 손바닥은 갈라졌고, 그곳에서 피가 나왔다고 했습니다. '얼마나 간절하게 찬양했기에 손바닥이 갈라져 피가 나왔을까…' 그 자매의 간증은 저를 돌아보게 했습니다.

어느 날 저는 그녀에게 말을 건넸습니다.

"우리 한번 사귀어 보면 어때요?"

"(웃으면서) 저는 나이가 많아요."

"나이가 많은 것이 뭐가 문제인가요? 서로 마음이 맞으면 되죠."

"(웃으면서) 정말 나이 차이가 크게 나요."

"많아 봐야 5살 아닌가요?"

"더 많아요."

"그럼 7살이요?"

"더 많아요. 저는 ○○년생이에요."

순간 계산이 안 됐습니다. 천천히 계산해 보니 자매는 저보다 13살 연상이었습니다. 그리고 운영자이다 보니 제 나이를 이미 알고 있기에 제가 본인에게 사귀자고 말할 줄은 꿈에도 생각을 못했다고 했습니다.

저는 그녀라면 평생 함께하면서 목회도 가능할 것이라 생각했습니다. 지독한 고독 속에서 제 자신을 점검한 후 긴 터널을 빠져 나와 하나님을 만나게 되니 그녀의 장점이 보였습니다. 저에게 부족한 것이 그녀에게 있고 그녀에게 부족한 것이 저에게 있어서 서로 보완이 되기에 가정을 이루고 사는 데는 큰 문제가 없을 것이라 생각했습니다.

하지만 그녀는 많이 두려워했고 불안해했습니다. 나이 차이도 그렇고, 무엇보다 정안인과 살게 되면 남편이 밖에 나가서 무엇을 하는지 신경 쓰다가 말라 죽을 것 같다고 말했습니다. 그래서 그냥 자신과 같은 시각 장애인과 결혼해서 마음을 나누고 살아야겠다고 생각하고 있었습니다. 그런데 나이도 적고 눈도 보이는 그런 사람이 사귀자고 하니 얼마나 놀랐겠습니까.

시간이 흐를수록 그녀가 더욱 좋아졌습니다. 여러모로 그녀는 제게 없는 것들을 많이 소유하고 있었는데, 저는 마치 숨은 보화를 발견한 것 같았습니다. 그녀 또한 제 신앙생활과 열정을 보면서 자신도 열심을 내야겠다고 마음을 먹었다고 했습니다.

저는 그녀를 놓치면 평생 결혼하지 못할 수도 있겠다는 생각이 들어 결혼하자고 프러포즈를 했습니다. 그녀는 매우 당황해했습니다. 시간이 필요하다고 했습니다. 저는 그동안 서로 많은 대화를 했고 서로에게 관심이 있는 것을 알아서 사귀었으니 이젠 결혼해서 함께 행복하게 살아 보자고 그녀를 설득했습니다. 저는 그녀가 있는 부산으로 내려가 그녀에게 결국 결혼하겠다는 확답을 받고 서울로 올라왔습니다.

서울에 와서 결혼할 자매가 생겼다고 담임 목사님과 교회 지인들에게 말했습니다. 그러자 난리가 났습니다. 시각 장애인과 어떻게 살겠느냐고 걱정하셨습니다. 목사님은 저를 불러서 진지하게 말씀하셨습니다.

"민교야, 시각 장애인 자매랑 사는 것이 쉽지 않아. 남자 시각 장애인이 정안인과 사는 것보다 더 어려울 수 있어."
"네, 잘 알고 있습니다. 하지만 자매는 어느 정도 재활이 되어 있고, 제가 목회해도 본인의 직업이 있으니 외롭지 않고 무력감에 빠지지 않을 수 있어서 괜찮을 것 같아요."
"정말 이 결혼을 하고 싶니?"

"네, 목사님! 제게 딱 맞는 자매입니다."

"그래, 알았다."

그렇게 목사님의 허락을 받고 동생과 이야기를 나누었습니다.

"형이 너에게 할 말이 있어."

"무슨 일인데?"

"너도 알다시피 매일 전화한 자매가 있어. 지난번에 부산에도 갔다 왔고."

"어, 알지."

"형이 그 자매랑 결혼하고 싶어."

"그래? 정말 그 자매님이 마음에 들어?"

"어, 형에게 잘 맞는 자매야. 너는 어떻게 생각하니?"

"형이 좋으면 됐지. 형의 선택이니까. 형이 결정하는 대로 따를게."

동생도 다행히 반대하지 않았고, 제 선택을 존중해 주었습니다.

이젠 그녀의 집 차례였습니다. 그녀의 부모님께 정식으로 인사드리려고 부산에 갔습니다. 얼마나 긴장했는지 모릅니다. 무슨 말을 어떻게 해야 할지 몰랐고, 첫인상이 중요한데 저를 어떻게 생각하실 지 예측할 수가 없었습니다.

그녀의 아버지는 도저히 이해할 수 없다는 눈치였습니다. 그분은 저에게 차근차근 물으셨고, 저는 있는 그대로 말씀을 드렸습니다. 시각 장애인 목회를 할 것이고, 그래서 시각 장애인 아내를 얻으려 고 한다고 말입니다. 그분은 물론 신앙적으로는 이해할 수 있지만, 그래도 이건 말이 안 된다 하시며 호적 등본이나 가족 관계 증명서 를 보셔야겠다고 말씀하셨습니다. 그래서 다시 한 번 차근차근 설 명해 드렸고 진심을 담아 제 마음을 전했습니다. 그러자 그분은 정 말 '하나님의 은혜'라고 말씀하실 수밖에 없다시며 결혼을 허락하 셨습니다.

그 다음 주에는 그녀의 형제를 보러 부산에 내려가기로 했습니다. 그런데 그녀의 동생이 서울에 출장을 왔다고 저를 먼저 보자고 했 습니다. 그는 식당에서 술을 한 잔하며 저에게 궁금한 것을 물어보 기 시작했습니다.

"우리 누나가 왜 좋으세요?"

"누나가 좋은 이유는 신앙적으로 잘 맞아서 그래요."

"신앙적으로 잘 맞아도 살다 보면 힘들 때가 있을 텐데요. 그리고 아시다시피 우리 누나는 장애인이에요."

"살면서 당연히 어려움이 오겠지요. 그리고 장애인이라는 것이 뭐가 중요해요."

"혹시 결혼했다가 이혼한 적 있어요? 아니면 아이가 있다든지."

"아니, 그게 무슨 말씀인가요?"

"오해는 하지 마시고요. 저희도 너무 믿어지지 않아서 그래요. 아무리 신앙으로 맺어진다고 하지만 이게 가능한 일인가 싶어서요."

"저를 믿어 주세요. 호적으로도 깨끗하고 순수 총각입니다."

그녀의 동생은 울먹거리며 누나가 평생 혼자 살 줄 알았는데 이렇게 결혼한다니 도저히 믿어지지 않는다고 했습니다. 비장애인이며 젊은 남자와 결혼한다고 하니 자신의 가족들이 많이 놀랐다고 했습니다.

그렇게 이야기를 나누고 집에 가려는데 같이 잠을 자고 다음 날 부산으로 함께 가자고 했습니다. 좀 불편하긴 했지만 함께 잠을 자기로 했습니다. 잠을 자고 아침에 일어나 부산으로 가는 기차에 몸을 실었습니다.

부산에 도착해서는 그녀의 오빠와 올케들을 만났습니다. 횟집에서 점심을 먹으며 얘기하는데, 그녀의 오빠는 저를 굉장히 후대해 주셨습니다. 지금까지 가족들이 이모저모로 많이 도와주셨는데, 그중에서도 가장 든든한 후원자가 바로 그녀의 오빠, 형님이십니다.

드디어 우리는 2009년 1월 10일에 많은 사람의 축하 속에서 결혼했습니다. 저와 신앙이 맞는 시각 장애인 자매를 만나게 해 달라는 기도가 5년 만에 응답된 것입니다.

물론 우리는 결혼 전이나 후에도 이상한 소문을 많이 들었습니다. 그중에서 가장 대표적인 말은 이랬습니다.

"아니, 정안인 남자가, 그것도 13살 연상의 시각 장애인 여자에게 장가 간다는 것이 말이 돼? 여자가 돈이 많나 보지? 그래서 남자가 돈 보고 가는 거 아냐?"

그럴 때마다 코웃음을 치면서 우리가 얼마나 잘 사는지 보라고 했습니다. 장애가 있다고 해서 그 사람의 모든 부분에 장애가 있는 것은 아닙니다. 단지 나보다 어느 한 신체 부위에 불편함이 있을 뿐이지 그 이상 그 이하도 아닙니다.

장애인과 사는 것이 힘든 것이 아니라 서로가 서로의 부족함을 채울 수 없기에 결혼 생활이 힘든 것입니다. 서로의 부족함을 채울 수 있는 사람을 만나면 서로 보완이 되기에 결혼 생활은 어렵지 않습니다. 이것은 장애인과 결혼해서 사는 사람들에게만 해당되는 것이 아니라 결혼하려는 모든 사람에게 적용되는 말입니다.

아내와 지금까지 살면서 단 한 번도 후회한 적이 없습니다. 오히려 아내와 살면서 진정한 사랑이 무엇인지를 배웠습니다. 어린 나이에 부모님을 일찍 여의어서 사랑받지 못해 사랑을 오해하고 사랑할 줄 몰라서 힘들어했던 저에게, 아내는 사랑이 무엇인지를 알려 주었습니다. 그리고 결혼을 통하여 진정한 예수님의 사랑도 경험했습니다.

아내는 저에게 하나님의 약속이며 언약입니다. 시각 장애인들을 위한 목회나 선교를 하다가 힘들어서 포기하려고 할 때면 아내는 제가 도망가지 않도록 저와 늘 함께하면서 하나님께 약속한 그 삶을 실천하고자 합니다. 그래서 아내는 저에게 '무지개'입니다. 하나님의 약속입니다.

또한 저에게 아내는 '넝쿨 채 당신'입니다. 저를 언제나 격려해 주고 항상 마음의 여유와 평정심을 가지고 저를 바라봐 주고 인정해 줍니다.

"당신은 정말 목사야. 당신이 최고야!"

아내가 이렇게 응원해 줍니다. 아내가 자존감이 부족했던 저를 높여 준 덕분에 저는 공부와 사역을 잘 감당할 수 있었습니다. 그래서 지금도 열심히 살아가고 있습니다.

20. 흰여울교회

정들었던 교회와 삶의 터전을 떠나 부산으로 내려왔습니다. 부산에 내려와 다시 신학교에 입학하여 공부하면서 부산에서는 시각 장애인 사역이 어떻게 이뤄지고 있는지 궁금했습니다. 알아보니 확실히 서울보다는 시각 장애인 교회도 적고 시각 장애인들을 위한 다양한 프로그램도 별로 없었습니다. 서울 다음의 제2 도시임에도 복지와 문화는 서울보다 많이 뒤쳐져 있었습니다.

부산은 제게 모든 것이 낯선 곳이었습니다. 부산에 사는 시각 장애인들도 잘 모르고 그들과 어떻게 접촉해야 할지도 고민이 되었습니다. 고민 끝에 시각 장애인들을 위한 사역을 하려면 전문적인 기능이 필요하다고 생각했습니다. 그래서 생각한 것이 '흰 지팡이 보행 교육 지도사' 자격 취득이었습니다. 흰 지팡이 보행 교육 지도사 자격을 취득하면 시각 장애인들을 만날 수 있을 것 같았습니다.

서울에 가서 일주일 동안 안대를 낀 채 시각 장애인들처럼 종일 보행과 일상생활을 하며 감각을 키웠습니다. 시각 장애인들이 어떻게 흰 지팡이로 이동하며 일상생활하는지를 몸으로 다 느끼고, 자세히 아주 세세하게 배우고 왔습니다. 자격을 취득한 후 실제로 도움을 주고 싶어서 아내가 재활 교육을 받은 시각 장애인 복지관을 찾아 갔습니다. 그런데 직원들이 놀라는 것입니다. 일반인이 흰 지팡이 보행 지도사 자격을 취득해서 봉사하겠다고 온 것이 처음이었기 때문입니다.

사실 보행 교육이 보행을 위한 교육만을 위해 있는 것은 아닙니다. 시각 장애인들이 살다가 실명하고 재활 교육을 받으러 오기까지, 흰 지팡이를 들고 교육을 받기까지 수많은 사연과 아픔들이 있습니다. 보행 교육을 하면서 긴장도 풀 겸해서 그 사연과 아픔에 대해 함께 듣고 공감하고 이해해 주고 그분들을 기다려 주는 것이 중요했습니다. 복지관에서 선생님들의 속도에 맞춰서 보행 교육을 실습했을 뿐만 아니라 시각 장애인들의 사연과 아픔을 경청하고 공감해 주는 일도 경험할 수 있었습니다.

저는 그렇게 몇 년 동안 시각 장애인 복지관에서 자원 봉사를 하면서 구체적인 사역의 그림을 그리기 시작했습니다. 수도권 다음으로 시각 장애인들이 많이 사는 곳이 부산인데, 생각보다 교회를 다니는 시각 장애인들이 적었습니다. 그래서 부산을 포함하여 전국의 시각 장애인들의 복음화를 위하여 시작한 것이 AL MINISTRY입니다.

2009년도에 아무것도 없이 열정 하나만으로 교육 전도사로서 25만 시각 장애인들의 복음화를 위해 시각 장애인 선교회를 설립하고, 무엇이 시각 장애인들의 복음화를 위해 필요한 것일까를 고민했습니다.

청년일 때 서울에서 시각 장애인 인식 개선을 위해 찬양 선교단을 설립하고 활동했었는데, 우리 팀이 실력이 좋아도 단장인 제가 목회자가 아니었기에 교회들이 많이 불러 주지 않았습니다. 결국 운영이 어려워져 우리는 몇 년이 안 되어 찬양 선교단을 해체하고 말았습니다.

하지만 당시 찬양 선교단 팀원들과 이야기를 나누면서 그들이 무엇을 원하는지 알게 되었습니다. 그들은 비록 시각 장애를 가지고 있지만 비장애인들처럼 다양한 직업을 갖고 싶다는 것과 시각 장애인들도 사회의 일원으로서 당당하게 자립하여 살 수 있는 이동권을 보장 받는 것, 그리고 사회 기반 시설이 갖추어지는 것을 꿈꾸고 있었습니다. 비록 찬양 선교단은 실패했지만, 저는 그 실패 속에서 더 나은 시각 장애인 사역을 위한 비전을 발견할 수 있었습니다.

우리나라 등록 장애 유형을 보게 되면 시각 장애인이 상당히 적습니다. 그리고 사람들 눈에 잘 띄지 않기에 시각 장애인들을 처음 보았다는 사람들도 많습니다. TV에서 종종 보는 것 말고는 실제로 본 사람들이 적은 것입니다. 하긴 저도 제 모교회에 시각 장애인 목사님이 계셔서 보았지 그 전에는 시각 장애인을 본 적이 한 번도 없었습니다.

그래서 대부분의 비장애인들은 앞이 안 보이면 아무것도 할 수 없을 거라고 생각합니다. 그러다 보니 시각 장애인들이 일상생활을 어떻게 영위하고 있는지 궁금해하는 경우가 많습니다. 그래서 먼저는 시각 장애인들에 대한 비장애인들의 인식 개선을 위하여 사역해 나아가야겠다고 마음을 먹었습니다. 그것이 시각 장애인들의 자립을 위해서도 우선적으로 필요하다고 생각했습니다. 지난 시간 동안 경험과 배움을 통해 고민하며 내린 결론이기도 했습니다.

부교역자로 있으면서 AL MINISTRY 사역을 본격적으로 하기에는 제한이 많았습니다. 그래서 항상 여름휴가나 방학 기간을 통해서만 시각 장애인 청소년·청년 캠프, 흰 지팡이 보행 교육, 시각 장애인 인식 개선 교육을 틈틈이 진행할 수밖에 없었습니다.

이때 제 마음을 흔들었던 결정적 사건은 코로나 발생이었습니다. 코로나가 발생해서 사람들이 모이기 힘든 상황이 되자 비장애인들이 모이는 교회들은 발 빠르게 대비하며 온라인으로 전환했지만, 시각 장애인 교회들은 속수무책으로 손을 놓고 있어야만 했고, 코로나 시기를 지나면서 많은 어려움을 겪었다고 합니다. 특히 비장애인 교회들이 다음 세대를 위해 키트를 만들어 집마다 방문하여 제공하고 기도해 주는 등 신앙의 끈을 놓지 않도록 지속적인 콘텐츠를 지원하는 모습을 보면서 우리 시각 장애인 다음 세대들에게도 필요한 콘텐츠를 제공할 수 있으면 좋겠다고 생각했습니다.

어느 날, 시각 장애인 장로님과 우연히 통화 중에 한 가지를 제안 받았습니다.

> "목사님, 학생들에게 이야기 성경 점자책을 제작하여 배포하면 어때요?"

저는 SNS에 이 상황을 올렸고, 상당히 빠른 시간에 후원금이 모아져 시각 장애인 110명 학생에게 신구약 이야기 성경을 점자로 제작하여 배포할 수 있었습니다. 그렇게 하나님은 제 사역을 조금씩 열어 가고 계셨습니다.

한편 부교역자로 있으면서 사역지를 옮길 때마다 약간의 불편함이 있었습니다. 왜냐하면 아내가 시각 장애인이기에 우리의 상황을 이해하고 청해 주는 교회를 찾아야 했기 때문입니다. 저는 항상 자기 소개서에 아내가 시각 장애인 1급이라는 상황과 시각 장애가 있어

이동이 불편하니 사택에 들어가기 어렵다는 상황, 그래서 해당 교회에 출석하기 어렵다는 이야기를 빼놓지 않고 적어서 제출해야 했습니다.

당연히 상당히 많은 제약이 있을 수밖에 없었습니다. 그래서 결국 단독 목회를 나가거나 최후의 수단으로 교회 개척을 생각했습니다. 그런데 거의 모든 목회자들이 그렇듯이 교회 개척만큼은 피하고 싶었습니다. 요즘은 문 닫는 교회도 많고, 코로나 이후로 교회에 대한 세상 사람들의 인식도 더 좋지 않아져서 더욱더 개척을 피하고 싶었습니다. 하지만 사람 마음대로 되는 것이 아니었습니다. 부교역자로 있던 교회에서 사임하고 고민하며 기도했습니다.

'하나님! 앞으로 제가 어떤 사역을 하면 될까요? 한 번 더 부교역자로 사역지를 가야 할까요? 아니면 교회를 개척해야 할까요?'

기도하는 중에 개척해야겠다는 마음이 생겼습니다. 아내랑 진지하게 상의했고, 아내에게도 기도해 보라고 했습니다. 그 후 다시 한 번 하나님께 간절히 기도했습니다.

'하나님! 아내가 개척을 허락하면 하나님의 뜻으로 알고 개척하겠습니다!'

역시나 며칠 뒤 아내는 개척을 허락했습니다. 정말 믿어지지 않았습니다. 아내가 개척을 허락하다니….

아내의 마음이 변하기 전에 교회 장소를 알아보기 시작했습니다. 상가를 알아보는데 보증금도 비싸고 월세도 너무 비싸서 엄두가 나지 않았습니다. 부동산에 전화해서 임대를 알아보면 주인들은 교회라서 임대를 주지 않겠다고 했습니다.

그렇게 여러 번 거부를 당하니 실망이 커졌습니다. 개척의 꿈은 꿈으로 끝나는 것인가 싶었습니다. 이러면 안 되지 싶어서 아는 동생 목사에게 전화했습니다. 교회를 개척하려고 하는데 딱히 장소가 없어서 걱정이라고 이야기하며, 혹시 아는 부동산이나 교회를 시작할 만한 장소가 나면 알려 달라고 부탁했습니다.

"형! 개척은 정말 버티는 싸움이니 최대한 개척 비용이 적게 들어야 해요. 예배당을 공유할 수 있는 곳을 찾아봐요!"

공유할 수 있는 곳이 있다면 좋겠다고 생각했습니다. 인터넷으로 공간 공유하는 곳을 찾으니 카페가 대부분이었습니다. 2-3시간 대관하는데 비용도 제법 비쌌습니다. 개척 멤버나 교회 후원자가 없는 우리가 그 대관료를 주고 공간을 쓰는 것이 매우 부담되었습니다.

여기저기 알아봐도 딱히 뾰족한 수가 보이지 않았습니다. 그래서 다시 동생 목사에게 전화했습니다.

"빌릴 수 있는 장소가 교회였으면 좋겠어. 부산에 그런 교회가 있을까?"

"교회 장소는 어디로 하고 싶어요?"

"영도도 좋고…. 전부터 순례자의 교회를 생각하면서 영도에 하면 좋겠다고 생각했었거든."

"잠시만 기다려 봐요."

30분 뒤에 연락이 왔습니다.

"형, 장소 구했어요."

"정말? 고맙다! 내가 은혜 잊지 않으마."

"언제 보러 갈래요?"

"나야 언제든지."

공유를 해 주기로 한 교회에 가서 목사님을 만났습니다. 너무나 인자해 보이셨고, 개척 교회 목사님처럼 보이지 않았습니다. 표정이 편안하고 마음의 여유가 있어 보이셔서 일단 마음에 들었습니다. 목사님의 개척 이야기와 목회관을 들으면서 많은 위로와 격려를 받았습니다.

"목사님, 저는 이곳이 너무나 마음에 드는데, 제가 2시 이후로 예배당을 다 사용해도 될까요? 그리고 주중에 나와 있어도 될까요?"

"그럼요, 얼마든지 가능합니다."

정말 기뻤습니다. '하나님께서 개척을 허락하신 것이 맞구나'라는 확신이 생겼습니다.

사임한 지 2주 후, 2022년 1월 2일에 흰여울교회 설립 예배를 드렸습니다. 예배당을 공유해 주는 교회가 있다는 것이 신기했고, 코로나 기간이어서 개척이 어려운 현실 속에서 모든 것이 다 갖추어진 예배당을 함께 사용할 수 있다는 것에 감사했습니다.

무엇보다 아내가 많이 놀랐습니다. 막상 교회 개척을 허락했지만, 이렇게 빨리 될 줄은 몰랐다고 했습니다. 더욱이 예배당을 공유해서 예배를 드리는 것이 가능한지는 꿈에도 생각을 못했다고 했습니다. 하나님은 역시 우리가 생각지도 못한 일들을 하신다고 함께 고백했습니다.

목회자가 되어 교회에서 사역하거나 외부 집회를 다니게 되면 놀라운 경험을 하게 됩니다. 하나님께서 처음에 저를 부르셨을 때 하시던 말씀이 생각납니다.

> '너와 같이 힘들어 아파하는 사람들에게 다가가 위로해 주고 내가 살아
> 있다는 것을 알려 주면 안 되겠니?'

신자는 죽을 때까지 자신과의 싸움을 합니다. '내가 내 인생의 주인이냐? 아니면 하나님이 내 인생의 주인인가?' 평생 이 싸움을 하다가 주님이 부르시면 가야 합니다.

"저에게 어떠한 일을 펼쳐 보이지 않으셔도! 제 기도에 응답하지 않으셔도! 저를 지옥 보내신다 하여도! 하나님은 하나님이십니다!"

이 고백이 제 입술에서 나오기까지 정말 많은 시간이 걸렸습니다. 수많은 번뇌와 연단과 고통 속에서도 하나님에게 제 인생을 맡겨 드리고, 지금도 아무것도 없어 전전긍긍하는 제 인생이지만 다음과 같이 입으로 시인하며 하나님 말씀에 순종하고자 저를 죽이고 또 죽입니다.

"그래도 하나님은 선하십니다! 하나님은 언제나 옳으십니다!"

신앙은 버티는 것이고, 믿음의 눈으로 세상을 바라보고 환경과 자신에게 주어진 일들을 하나님의 눈으로 해석하는 것입니다. 신자이기에 해야 하고, 신자이기에 할 수 있는 일입니다. 기독교는 그 안에 생명과 구원의 역사가 있습니다.

21. AL MINISTRY

교회를 개척하고 나니 주변에서 이것저것 물었습니다.

"주변에도 교회가 많은데 개척하신 이유가 뭐예요? 어떤 교회를 하실

거예요? 흰여울교회의 교회론은 무엇이에요?"

사실 개척하면서 얼마나 많은 준비를 했겠습니까. 누가 올지도 모

르는데 무엇을 세운다는 것도 맞지 않다고 생각했고, 일단 구성원들이 모이면 상황을 보고 제 비전을 나누려고 했을 뿐입니다.

설립 예배 후로 교회에 매일 나가서 지켰지만, 역시나 일주일 내내 교회를 찾는 사람은 아무도 없었습니다. 이것이 정말 말로만 듣던 현실이구나 싶었습니다. 얼마 뒤 감사하게도 생각지도 못한 아내의 조카 두 명이 우리 교회에 출석하여 방송 일을 돕기로 했습니다. 소위 개척 멤버가 생기면서 조금은 덜 쓸쓸했습니다.

시간이 흐르면서 한 명씩 한 명씩 성도들이 오기 시작했는데 모두가 청년들이었습니다. 신기했습니다. 성도님들과 대화하면서 우리 교회는 '교회가 성도를 책임지고 성도는 교회를 책임지는 책임 있는 공동체'를 지향하기로 결정했습니다.

그렇게 성도들과 우리들의 이야기를 만들어 가고 있을 때쯤 한 통의 전화가 왔습니다. 부산 맹학교 기독 학생회와 전에 사역했던 교회에서 인연이 있는 제자의 전화였습니다. 그런데 목소리가 상당히 좋지 않았습니다. 순간 저는 감지를 했습니다. 이 친구가 무슨 말을 할지….

"요즘 어떻게 지내니?"

"지금 신대원 3학년 1학기 마치고 방학이라 기숙사에 있어요?"

"앞으로 고민이 되겠다. 사역은 어떻게 할 생각이니?"

"그것 때문에 고민이에요. 딱히 길이 보이지 않아서요. 3학년 2학기는 휴학할까 생각 중이에요…"

"휴학을 한다고? 이제 한 학기만 마치면 졸업인데? 그러지 말고 마지막 학기 마무리 짓고 다음 스텝은 좀 더 생각해 보자."

제자와 통화를 하는데 마음이 많이 무겁고 가슴이 아팠습니다. 제자는 선천성 시각 장애인입니다. 본인은 특수 교사가 되려고 했는데 저를 만나서 목회로 진로를 바꾸었습니다. 시각 장애가 있다 보니 교회에서 청빙을 해 주지 않아 사역을 못 하고 있어 고민이 많아 보였습니다.

사실 진로를 바꾸고 둘이 같이 기도한 것은 신학교 교수가 되는 것이었습니다. 시각 장애인으로 교수가 되려면 전공도 중요하니 고민 끝에 조직 신학을 하는 것이 제일 좋을 것 같아 독일로 유학 가는 것도 계획을 세웠습니다. 그리하여 학부와 신학대학원을 다니는 동안 독일어 수업을 열심히 들었습니다. 교환 학생 프로그램이 있으니 일단 독일에 가서 한번 생활에 보고, 가능하면 유학을 준비하자고 계획을 잘 세웠는데 코로나가 터지면서 모든 것이 어긋나 버렸습니다.

그래서 제자에게 제안했습니다. 일단 마지막 학기 수업을 마치고 졸업했으면 좋겠고, 지금은 사역지가 없어서 부르심을 의심할 수도 있으니 우리 교회에 와서 함께 사역해 보자고 했습니다. 이제 막 시작한 개척 교회라서 지금은 크게 하는 것이 없겠지만 함께 교회를 세워 가는 것도 좋은 일인 것 같다고 제자를 설득했습니다.

하지만 제자의 마음은 잘 움직이지 않았습니다. 안타까운 마음에 제자의 사연을 SNS에 올렸는데, SNS 친구이신 선배 목사님이 전도사님 마지막 등록금을 지원해 줘서 학업을 잘 마칠 수 있도록 응원하자고 하시며 펀딩을 시작하셨습니다. 거기에 더하여 어느 단체에서 하는 모임에 광고까지 해서 정말 짧은 기간 안에 마지막 학기 등록금이 모였습니다.

제자는 그렇게 2022년 9월 25일에 흰여울교회 전도사로 부임했습니다. 교역자 회의를 하면서 앞으로 목회하려면 설교를 해야 하는데 설교에 참고할 만한 책들이 있냐고 물으니 거의 없다고 했습니다. 순간 당황스러웠습니다.

'설마, 지금 기독교 도서가 다양하게 출간되고 있는데도, 시각 장애인
이 읽을 책이 없다고?'

전도사님과 함께 시각 장애인용 기독교 도서가 얼마나 제작되어 있
는지 확인했습니다. 그런데 정말로 목회자들이 설교 준비하면서 봐
야 하는 책들, 특히 주석이 거의 없었습니다. 양육과 교양 관련 책들
도 마찬가지였습니다. 큰 충격이었습니다. 앞으로 40년을 넘게 목
회해야 하는데, 책이 없어서 설교 준비가 안 되고 양육을 할 수 없다
는 것은 말도 안 되는 일이었습니다.

결국 우리가 시각 장애인들을 위한 기독교 전문 도서를 '데이지 파
일'(Digital Accessible Information SYstem- '시각장애인 전용 전자도서'를 일컫는 말로써,
점자정보단말기를 통하여 점자로 읽거나 컴퓨터, 음성기기, 스마트폰을 통해 음성으로
이용할 수 있는 도서이다.)로 만들어 보급해야겠다는 생각이 들었습니다.
그러려면 먼저 플랫폼을 만들어야 했습니다. 시각 장애인이 쉽게
이용할 수 있는 웹 접근성 웹 사이트가 필요했습니다.

그 후 웹 접근성 웹 사이트 개발을 위하여 지인을 통해 정말 좋은 업체를 소개받아 견적을 받았습니다. 견적을 받아 보고는 절망했습니다. 비용이 상당했습니다. 이제 막 개척하여 1년도 안 된 교회가 웹 사이트 개발비를 마련할 수 없었기에 꿈은 꿈으로 끝나나 싶었습니다. 방법을 찾다가 SNS에 이 사연을 올렸습니다. '시각 장애인 성도와 목회자들이 시각 장애인용 기독교 도서가 거의 제작되지 않아 양육과 교양 개발, 목회 연구에 어려움을 겪고 있는데, 이것을 해결하기 위하여 웹 접근성 웹 사이트를 개발하는 비용이 2천만 원 필요하다'라고 후원을 요청했습니다.

이 사역을 잘 아시는 지인들이 걱정하지 말고 SNS에 올리라고 해서 펀딩이 시작되었는데, 놀랍게도 두 달 반 만에 금액이 다 모여 웹 사이트 개발에 들어갔습니다. 하지만 이것으로 끝이 아니었습니다. 이제는 콘텐츠가 필요했습니다. 처음에는 막연하게 출판사를 찾아갔습니다. 하지만 준비가 덜 되었다는 조언을 듣고 조금 더 세밀하게 준비했습니다. 그 후 저자 분들과 기독교 출판사를 찾아가 이 사역을 알리고 원고 기부를 부탁드렸습니다. 그렇게 해서 5개월 동안 저자 80여 명, 출판사 26곳과 업무 협약을 하게 되었습니다.

그리고 드디어 2023년 6월 15일에 AL-소리도서관을 개관했습니다. 믿어지지 않는 일이었습니다. 처음에 50권을 제작하여 도서관에 업로드하였고 개관 날부터 지금까지 매주 5권씩 신착 도서를 올리고 있습니다.

지난 과정을 돌아보면 감사함뿐입니다. 아무것도 없는 저를 믿어 주시고 저와 함께해 주시며 기도와 후원으로 동참해 주신 믿음의 동역자분들과 교회들에게 감사할 따름입니다. 또한 이 사역이 귀하다고 동참해 주신 저자분들과 출판사 대표님들께도 감사를 드립니다. 그리고 AL MINISTRY 사역을 함께할 수 있는 간사님들을 만난 것도 참 감사합니다. 이 모든 것은 하나님이 하셨고 앞으로도 하나님이 하실 것입니다.

또한 숙원 사업이었던 시각 장애인 인식 개선 교육을 위하여 고민하던 중 삽화를 잘 그리는 목사님을 만나게 되었습니다. 그분의 삽화를 넣어 "우리 교회에 시각 장애인 성도가 온다면?"이라는 시각 장애인 안내법을 소책자로 만들었습니다. 그 후 하나님이 길을 열어 주셔서 벌써 2,000부 가량이 전국에 있는 교회에 배포되었습니다.

AL MINISTRY는 100% 후원으로 웹 사이트를 제작하였고, 100% 후원으로 시각 장애인들을 위한 기독교 전자-데이지 도서를 제작하여 보급하고 있습니다. 정부 지원을 받으면 실적 요구를 받고, 특정 종교의 도서만 만들 수도 없기에 만약 이단들이 자기 단체 도서를 제작 의뢰하면 제작해 주어야 합니다. 그렇게 되면 설립 정신과 맞지 않기 때문에 100% 후원받아서 도서관을 운영하고 있습니다. 하나님께서 주시는 대로 사역하고자 합니다.

시각장애인 복음화를 위해

흰여울교회가 개척한 지 2년째 접어들고 있습니다. 흰여울교회는 비장애인과 장애인이 함께하는 신앙 공동체입니다. '교회가 성도를 책임지고, 성도는 교회를 책임지는 공동체'라는 기치 아래 개척하였고, 그 기치를 따라 흰여울교회 이야기를 만들어 가는 중입니다. 앞으로 하나님께서 어떻게 만들어 가실지 기대가 됩니다.

흰여울교회는 가진 것이 없었지만, 일상으로교회가 예배당을 공유해 주신 덕분에 개척을 시작할 수 있었고, 지금도 일상으로교회와 함께 지역 사회를 위하여 전도하며 서로에게 힘을 주고 격려하는 공동체로 같이 성장하고 있습니다. 계속해서 서로에게 선한 영향력을 주고받는 믿음의 동역자가 되기를 소망하고 있습니다.

AL MINISTRY는 시각 장애인들이 기독교 도서를 접할 수 있도록 AL-소리도서관을 통해 기독교 도서를 데이지 파일로 제작, 보급하고 있습니다. 그래서 시각 장애인들이 기독교 도서만큼은 마음껏 읽을 수 있도록 토양을 만들고, 기독교 도서가 출간되면 시각 장애인들을 위한 데이지 도서로 제작할 수 있도록 자연스레 원고 기부가 이루어지는 문화를 만드는 것을 목표로 하고 있습니다.

AL-소리도서관은 국내 최초 시각 장애인 기독교 전문 전자 도서관입니다. AL-소리도서관에는 현재 다양한 분류의 기독교 도서가 제작되어 있고, 제작되고 있는 중입니다. 기부해 주신 원고를 검증하여 제작하기에 이단, 사이비 도서가 없어 안전합니다. 또한 시각 장애인들이 AL-소리도서관에 올라와 있는 데이지 파일을 컴퓨터, 스마트폰, 점자 정보 단말기를 통해 이용할 수 있어서 시간과 장소의 제약을 받지 않고 언제나 독서가 가능합니다.

데이지(DAISY)는 시각 장애인 전용 전자 도서를 일컫는 말로서 점자 정보 단말기를 통해 점자로 읽거나 컴퓨터/스마트폰 어플을 통해 음성으로도 이용할 수 있는 도서입니다. 데이지파일로 책 한 권을 제작하는데, 평균 100,000원의 비용이 들어갑니다. 만약 한 교회가 매달 10만 원씩 후원해 주시면 한 달에 책 한 권을 만들 수 있습니다. 한 사람이 매달 1만 원씩 후원해 주시면 1년에 책 한 권을 만들 수 있습니다. 한 권이 제작되면 25만 명의 시각 장애인들이 볼 수 있는 책이 됩니다.

1% 미만인 시각 장애인들의 복음화를 위해 지속적으로 기독교 도서를 보급하려면 정기 후원자가 필요합니다. 하나님께서 시각 장애인들의 복음화를 위하여 시작하신 이 사역을 잘 감당할 수 있도록 기도 부탁드립니다. 여러분들의 기도와 후원이 25만 시각 장애인들의 복음화와 시각 장애가 있는 다음 세대, 장년 성도, 목회자들의 양육과 교양, 목회 연구 지원에 큰 힘이 됩니다.

AL MINISTRY 사역에 대한 소식은 https://alsori.org에서 확인하실 수 있습니다.